Populaire.--- Prix 30 Sous.

...TUT-CANADIEN

EN

1855.

Par J. L. LAFONTAINE,
Membre Actif

"LE TRAVAIL TRIOMPHE DE TOUT."

MONTRÉAL:
IMPRIMÉ PAR SENECAL & DANIEL, 4, RUE ST. VINCENT.

1855.

INSTITUT-CANADIEN

EN

1855.

Par J. L. LAFONTAINE,
Membre Actif.

MONTRÉAL:
IMPRIMÉ PAR SENECAL & DANIEL, 4, RUE ST. VINCENT.

1855.

INTRODUCTION.

Mon but en offrant au public un résumé des travaux de l'Institut-Canadien et de ses succès dans toutes ses entreprises, depuis 1852, est de faire voir à ceux qui ne sont pas en état d'apprécier ces sortes d'institutions, parce qu'ils n'ont pas été à même d'en profiter, et à cause de leur éloignement, qu'avec la devise qui lui ouvre un champ si vaste et lui donne tant de latitude " Le travail triomphe de tout" jointe à l'énergie et à l'union, ils peuvent en faire autant. C'est aussi afin de faire voir que ces sortes d'institutions sont un centre de ralliement à toutes les sciences, et des trésors inépuisables ouverts à la jeunesse.

Mon but est aussi de faire connaître les changements et les heureux résultats qui se sont opérés dans cette institution. Ceux qui voudront s'en convaincre n'auront qu'à lire un petit ouvrage, sur l'Institut-Canadien, publié en 1852 par J. B. E. Dorion actuellement membre du Parlement Provincial. Quoique florissant à cette époque, il était en risque d'être anéanti à la moindre tempête qui se serait élevé contre lui. Dans un état nomade, souvent sans autre asile que des cœurs généreux, il a dû plusieurs fois être prêt à succomber sous les coups de l'indigence. Mais muni d'hommes courageux et intelligents, qui savaient que sans ces sortes d'institutions, la jeunesse oublie les devoirs qu'elle doit à son pays, et vit dans une apathie complète de tout ce qui l'entoure ; avec de tels hommes dis-je, il a dû grandir et prospérer.

Aujourd'hui, l'Institut-Canadien est en état de résister aux plus grands coups. Il prend du développement et marche à pas de géant dans le chemin que lui ont tracé ses fondateurs. Ses ramifications sont très étendues, et sont un sûr garant de sa conservation.

En 1852, le nombre des membres était bien moindre qu'aujourd'hui, se trouvaient souvent sans un asile sur lequel ils pouvaient compter, avaient peu de fonds a leur disposition, et possédaient une bibliothèque peu considérable. Aujourd'hui l'on sera surpris de compter plus de 700 membres composant l'Institut-Canadien, ayant une magnifique bâtisse sur la rue Notre-Dame, leur appartenant, une salle de discussion très spacieuse et en état de contenir beaucoup d'étrangers dans les séances publiques, une salle de lecture possédant au-dessus de 100 journaux et une bibliothèque de près de 4,000 volumes.

Tous ces heureux résultats sont encourageants et doivent porter la jeunesse actuelle à continuer un ouvrage qui est l'honneur et la base de notre jeune pays, et tient tant à sa prospérité.

Cette compilation sera très courte et ne renfermera que les faits les plus saillants qui se sont passés dans l'Institut-Canadien, depuis 1852. La constitution et les règlements tels qu'amendés dernièrement par le Dr. Coderre et Joseph Doutre, Ecrs., une liste des membres, un catalogue des livres de la bibliothèque et des journaux, les rapports annuels qui feront voir ses travaux et ses progrès, une liste des dons faits à l'Institut ; voilà ce qui devra composer la première partie de ce petit ouvrage.

La biographie de M. Fabre, par Jos. Doutre, écr., avocat, membre de l'Institut, devra occuper la première place dans la seconde partie, tant parcequ'elle renferme un nom bien cher à l'institut, comme ayant été l'un de ses fondateurs et l'un de ceux qui ont le plus contribué à sa prospérité, que par son style et les précieux renseignements qu'elle renferme. J'ajouterai aussi quelques lectures lues devant l'Institut-Canadien.

L'auteur ayant beaucoup d'occupation, il lui a été impossible de rendre l'ouvrage aussi complet qu'il le désirait. Il a certainement omis beaucoup de de choses et en assez grand nombre pour former un volume considérable. Puisse ce petit ouvrage être accueilli avec indulgence et servir à l'avancement de l'éducation, tels sont ses vœux.

INSTITUT-CANADIEN

EN

1855.

En 1852, l'Institut commençait à voir disparaître les traces de l'incendie de 1850. En un instant il avait vu consumer ses ouvrages de six années. Mais ceux qui avaient éprouvé de si grandes pertes devaient-ils en rester là? devaient-ils demeurer oisifs et abandonner tous leurs projets, sur lesquels ils avaient tant de fois fondé l'avenir de leur jeunesse et du Canada? Non, ils sentaient plus que jamais le besoin de se réunir et de se communiquer les fruits de leurs études. Autrefois, la chose leur paraissait utile et avantageuse, aujourd'hui elle devient indispensable. La naissance de cette institution comptait peu de membres, mais avec de l'énergie et de la persévérance de la part de ses fondateurs on comptait en 1850, lors de l'incendie, près de 300 membres, qui tous étaient animés du désir de voir grandir cette belle institution, et travaillaient à la faire prospérer. A cette époque, tous sentirent bien vivement le vide opéré par les flammes dans ce petit temple des sciences.

A peine quelques jours se furent écoulés que déjà des offres étaient faites pour procurer une salle en attendant que les membres se fussent trouvés un local plus commode et dans un lieu où ils ne seraient pas exposés à déguerpir à chaque instant. Après quelques semaines, ils se fixèrent sur la Place-d'Armes, où ils se remirent à travailler avec bien plus de courage qu'auparavant. Un appel fut fait à tous les citoyens, et grâce à cet appel qui fut accueuilli avec cordialité, l'on vit bientôt la bibliothèque s'enrichir des ouvrages les plus précieux, et la salle de lecture, des journaux de toutes les parties de la province.

En peu de temps toutes les plaies de l'Institut furent cicatrisées. Déjà on nourrissait le plan d'élever un édifice où on serait plus en état de recevoir des étrangers dans les séances publiques, et par là même plus en état de répandre l'éducation. La salle étant peu spacieuse et placée à un troisième étage, le local était peu invitant, surtout pour les dames qui jettent un si grand lustre sur nos séances publiques.

Malgré tous ces inconvénients il était cependant guère possible de pouvoir mettre à exécution un plan si désirable. L'Institut était sans moyens pécuniaires et ne devait compter dans la mise à exécution d'un tel plan que sur la générosité et l'augmentation de ses membres. La chose fut donc abandonnée pour quelque temps ; mais non sans espérance pour l'avenir.

Le nombre des membres augmentait, les dons

s'accumulaient tous les jours dans l'Institut, ses ressources devenaient de plus en plus grandes, et laissaient entrevoir à ceux qui avaient conçu l'idée de bâtir, qu'avant peu un tel plan pourrait être réalisé.

En décembre 1853, un comité, sous le nom de " comité de construction" composé de MM. André Auclaire, Jules R. Berthelet, Eugène Bruneau, l'hon. C. C. S. DeBleury, F. Cassidy, C. J. Coursol, A. Cyr, A. A. Dorion, Jacob Dewitt, Joseph Doutre, E. R. Fabre, J. A. Gravel, Pierre Hudon, J. W. Haldimand, Amable Jodoin, père, Michel Laurent, Chs. Lacroix, D. Latte, J. E. Lafond, P. R. Lafrenaye, Henry Merrill, H. P. Pominville, D. E. Papineau, E. L. Pacaud, Adolphe Roy, Louis Ricard, R. Trudeau, Dr. Tavernier et P. Gendron, fut formé pour visiter différens terrains, et l'on doit dire qu'il déploya beaucoup d'activité et de sagesse dans son choix. Il fit son rapport le 4 février 1854, que je placerai ici à la suite :

RAPPORT

DU " COMITÉ DE CONSTRUCTION" DE L'INSTITUT-CANADIEN.

A Messieurs de l'Institut-Canadien.

Messieurs,

Votre comité à l'honneur de faire rapport :

Que pour atteindre plus efficacement le but dans lequel il a été constitué, tel qu'exprimé dans une résolution adoptée par l'Institut à l'unanimité, à la séance du 1er décembre dernier, votre comité a commencé par déléguer quelques-uns de ses membres spécialement chargés de prendre des informations, de visiter plusieurs terrains dont il paraissait désirable de faire l'acquisition pour y construire un édifice à l'usage de l'Institut, et de se mettre en relation avec les propriétaires afin de connaître leurs conditions respectives.

Que votre comité s'est assemblé toutes les semaines dans la salle de lecture et a discuté longuement les diverses propositions qui lui ont été soumises, afin d'en venir à la conclusion la plus favorable aux intérêts de cette institution.

Que les terrains suivants ont particulièrement attiré son intention, savoir : 1o. Un lot vacant, sur la rue Craig, appartenant ci-devant à M. Moreau et maintenant la propriété de la corporation de Bishop's College.

Commué, prix, £850 0 0.

2o. Un lot vacant au coin des rues Craig et St. Lambert, appartenant à M. Voyer, non commué, prix, £1800 0 0.

3o. Un lot vacant au coin des rues Craig et St. Charles Borromée, appartenant à M. Desmarteau, non commué, prix £1250 0 0.

4o. Un lot vacant en face du Champ de Mars, sur la rue Craig, appartenant à M. Dumas, non commué, prix £900 0 0.

5o. Un lot sur la rue Notre-Dame, appartenant à M. Montmarquette, avec une maison en pierre, deux étages, commué, prix £2,000 0 0.

Qu'après avoir pris en considération les avantages respectifs de chacune de ces propositions, et après avoir murement délibéré sur le sujet, votre comité a résolu d'adopter le rapport du sous-comité par lui constitué, recommandant l'achat des terrains et maisons de M. Montmarquette, sur la rue Notre-Dame, tel que ci-dessus décrit, aux conditions ci après exposées.

Voici ce rapport :

Au " comité de construction" de l'Institut-Canadien,

Le sous-comité que votre comité a nommé pour visiter diverses localités convenables à l'objet que votre comité avait en vue, après avoir visité plusieurs terrains et localités, s'est déterminé à recommander l'acquisition de la propriété de M. Montmarquette, sur la rue Notre-Dame, au prix de £2,000 0 0 courant, sauf à s'entendre avec M. Montmarquette pour les termes de paiement.

Que sur motion de M. R. Trudeau, secondé par M. D. E. Papineau, le rapport ci-dessus a été adopté à la division suivante. Pour : MM. Trudeau, Papineau, Cassidy, Racicot, Auclaire, Laurent, Pominville, Daoust, Hudon, Cyr, Jodoin, Lafond, Emery, Mercille, Gendron, Martin.—16.

Contre : MM. Tavernier et Herard.—2.

Que votre comité croit devoir entrer dans quelques explications sur les motifs qui l'ont déterminé à en venir à cette conclusion.

D'abord, en supposant que l'Institut ferait l'acquisition d'un lot vacant, au prix de £850 qui est le plus bas qu'il ait pu trouver dans un endroit central, il lui aurait fallu pour élever un édifice convenable, une somme additionelle d'au moins £2,500 ; et encore, ses moyens ne lui auraient pas permis d'avoir l'usage de cet édifice et d'en retirer des profits avant quatre ou cinq ans et peut-être davantage.

Il aurait donc été exposé à avancer de larges sommes et à payer de forts intérêts, sans améliorer de suite sa condition actuelle.

Ensuite, votre comité est d'avis que les souscriptions seront beaucoup plus facilement obtenues, si la position prise par l'institut est de nature à inspirer de la confiance, en présentant un caractère de stabilité ; ce qui ne peut guère avoir lieu tant que l'Institut ne possèdera qu'un lot vacant sur lequel on ne pourrait donner aucun garantie tant qu'il ne serait pas complètement payé.

Que, d'un autre côté, l'Institut, en faisant l'acquisition d'une maison et en se mettant immédiatement *chez lui*, épargnera de suite, le montant du loyer qu'il paie et qu'il ne peut qu'augmenter, sans compter qu'il aura moins à débourser pour atteindre le but qu'il se propose, s'il adopte les suggestions au présent rapport.

Qu'il suffit d'exposer les conditions de la transaction proposée pour faire voir que le parti pris par le comité est le plus sage, dans les circonstances actuelles.

Le prix total, comme il est dit ci-dessus, est de £2,000, divisés comme suit : £500 comptant ou à demande avec le billet de l'Institut et £200 par année, avec intérêt jusqu'à parfait paiement, avec la faculté néaumoins, de rembourser une plus forte partie du capital, si les moyens de l'Institut venaient à le permettre.

Que la maison en question a été visitée par des

architectes et par des ouvriers compétents, qui déclarent que, telle qu'elle est, elle peut parfaitement répondre aux besoins de l'Institut et qu'avec des réparations pour une valeur de cinq à six cents louis, on peut en faire un édifice qui ferait honneur à la première rue de Montaéal.

Que les appartemens du rez-de-chaussée peuvent être loués de suite, au moins £40 ; ce qui avec la contribution extraordinaire qui se monterait à environ £100, le loyer épargné qu'on peut porter à £50 pour l'année prochaine, et une allocation d'au moins £50 de la part de la législature, formerait une somme suffisante pour rencontrer les paiements annuels et l'intérêt sur le reste du capital, une fois qu'au moyen des souscriptions sur lesquelles nous pouvons compter, nous aurions payé les £500 exigés comptant.

Qu'ainsi ce marché offre des facilités incontestables et devrait, dans l'opinion de votre comité être accepté par l'Institut sans retard.

Le tout néanmoins, respectueusement soumis.

(Signé,)   J. EMERY CODERRE,
Président du comité de construction.

J. A. DEFOY,
Sec. A. I. C.

Montréal, salles de l'Institut-Canadien, 9 février 1854.

Ce rapport fut reçu avec plaisir par tous les membres de l'institut, et adopté à la même séance. L'affaire se trouvait conclue et il n'y avait plus qu'à passer le contrat, qui fut signé le 14 février 1854.

L'Institut doit certainement des remerciments a M. Montmarquette, pour la grande libéralité qu'il montra dans cette circonstance, en acceptant des termes de paiement qui convenaient le mieux à l'Institut pour lui faire rencontrer ses engagements.

De cette date 14 février, le comité de bâtisse fit faire les réparations nécessaires, et les membres tinrent leur séance dans leur nouvelle résidence, infiniment préférable sous tous les rapports à la précédente.

Voilà les fruits de tant de travaux et de tant d'union. C'est cette même société, qui, en 1844, prenant naissance dans une petite grotte de la rue St. Jacques, est aujourd'hui si belle et si florissante. Honneur donc aux fondateurs. Une entreprise de cette nature était si patriotique et si indispensable à notre jeune pays, qu'elle devait nécessairement grandir et servir de guide à la jeunesse future. Nous, qui avons trouvé les lauriers tous fleuris, remercions cette jeunesse de 1844, d'avoir tant travaillé à notre avenir, en nous donnant les moyens de nous instruire et d'être plus tard, utiles à la société lorsqu'elle requerra nos services.

Il serait à souhaiter qu'il y eût de ces sortes d'institutions dans chaque localité. Cependant de temps à autre, nous en voyons apparaître ; et nous devons applaudir à la naissance de deux institutions d'un même genre. La première, l'Institut de Laprairie, qui prend beaucoup de développement. Aussi a-t-il l'avantage d'être placé au milieu d'une population instruite, aidé d'une jeunesse intelligente et dévouée à l'éducation. La seconde, l'Institut de Lanoraie, qui quoique fondé depuis peu prospère et est le rendez-vous de tous ceux qui l'entourent. Nous leur souhaitons prospérité et tout le succès possible. Espérons qu'ils tendront toujours vers un but plus élevé, et qu'ils se rappelleront de la grande et belle devise de l'Institut-Canadien : *Altiùs Tendimus*.

Maintenant l'Institut est fort et compte dans son sein des personnes qui ont vieilli au milieu des affaires, et qui sont en état d'instruire la jeunesse ambitieuse de connaissance, et recherchant tous les moyens d'acquérir une éducation solide. Dans toutes les questions qui concernent les intérêts généraux de notre jeune pays, nous voyons l'Institut prendre l'initiative et marcher de l'avant. Aussi avons-nous vu la convention sur l'éducation, et la convention anti-seigneuriale prendre naissance dans l'Institut-Canadien. Aujourd'hui, l'Institut possède des hommes capables d'être utiles à leur pays. Nos dernières élections ont vu 11 de ses membres délégués en parlement par différents comtés du Bas-Canada, dont voici les noms : Jacob Dewitt, pour le comté de Chatauguay, H. M. Valois, pour le comté de Montréal, J. H. Jobin, pour le comté de Joliette, G. M. Prevost, pour le comté de Terrebonne, J. O. Bureau, pour le comté de Napierville, A. A. Dorion, pour la cité de Montréal, T. J. J. Loranger, pour le comté de Laprairie, J. B. E. Dorion, pour les comtés de Drummond et Arthabaska, Chs. Daoust, pour le comté de Beauharnais, J. Papin, pour le comté de l'Assomption et Chs. Laberge, pour le comté d'Iberville.

Maintenant si nous cherchons à découvrir les

causes de tant de prospérité dans une institution placée à côté d'autres qui n'ont vécu qu'un seul jour, il nous sera très facile d'en deviner la cause.

Une institution, ayant pour seul et unique but l'éducation en général, et l'avancement de ceux qui en font partie, doit admettre dans son sein toutes personnes à quelqu'origines et religions qu'elles appartiennent. Elle ne doit exercer aucun contrôle ni direction en dehors de la littérature, des sciences et des arts dont elle doit encourager la culture. Ces principes sont si vrais qu'il serait inutile d'en dire bien long sur ce sujet. Nous n'avons qu'à consulter ceux qui ont fait partie de l'Institut National établi en opposition à l'Institut Canadien, et dont le but était de l'affaiblir et de lui faire perdre cette tolérance qui le rend si fort contre tous ceux qui veulent en saper les bâses. Les fondateurs de l'Institut-National affichèrent en gros caractère l'intolérance qui prit racine au milieu d'un assez grand nombre de membres. Mais cette semence jetée sur un roc dans un moment d'orage, ne tarda pas à périr au premier moment de sécheresse, et pas un seul grain ne parvint à maturité.

Tant que l'Institut-Canadien possèdera cette tolérance, nous devons augurer avantageusement de son avenir ; mais du moment qu'il commencera à perdre ce principe, nous pourrons nous préparer à une chûte qui sera peut-être sa mort, comme celle de l'Institut-National. Brulez sa bâtisse, sa bibliothèque et tout ce qu'il possède et il se relèvera bien plus vite de ces pertes, que de celles occasionnées par l'intolérance.

Comme une institution doit avoir une constitution et des règlements, pour bien prospérer et adopter une marche qui la fasse fonctionner au profit de ses membres, je placerai ceux de l'Institut-Canadien en tête de ce petit volume.

RÈGLEMENTS

CONCERNANT

LA CHAMBRE DE NOUVELLES

ET LA

BIBLIOTHEQUE

DE

L'INSTITUT-CANADIEN.

1.—La Chambre de Nouvelles est ouverte tous les jours, en été, de sept heures du matin à dix heures du soir, en hiver, de huit heures du matin à neuf heures du soir.

2.—Il est défendu de fumer, parler, converser ou discuter dans la Chambre de Nouvelles de cette Institution.

3.—On ne peut emporter aucun journal ou gazette hors du Cabinet de lecture, et quiconque déchire, endommage ou détruit de ces journaux, est tenu de les remplacer.

4.—On ne peut prendre à la bibliothèque de l'Institut, plus d'un volume à la fois. Le même volume ne peut être retenu plus de quinze jours, ni être prêté à un étranger de l'Institut.

5.—Quiconque endommage notablement ou perd un livre de l'Institut, est tenu de le remplacer ou d'en payer la valeur, sous peine d'être privé de tout accès à la bibliothèque.

6.—Le Surintendant ou Gardien de l'Institut est spécialement chargé de faire observer ces règlements, et de tenir une liste régulière de tous ceux qui prennent des livres à la bibliothèque, en enrégistrant le titre et le numéro des volumes qu'ils prennent.

CONSTITUTION ET RÉGLEMENTS
DE
L'INSTITUT-CANADIEN.

Altiùs Tendimus.
Travail et Concorde.

CONSTITUTION.

ARTICLE I.

La société fondée, par cette Constitution se nomme INSTITUT-CANADIEN.

ART. II.

L'Institut-Canadien est fondé dans un but d'union, d'instruction mutuelle et de progrès général. A ces fins, les membres de cette société se réunissent une fois chaque semaine, et ont à leur disposition une *bibliothèque* et une *chambre de lecture*.

ART. III.

L'Institut-Canadien se compose d'un nombre indéterminé de membres, divisés en membre actifs et en membres correspondants.

ART. IV.

Pour être membre actif, toute personne admise sur motion régulière, dont avis aura été donné huit jours d'avance.

ART. V.

Pour être membre correspondant, toute personne demeurant hors de la cité de Montréal, désirant favoriser l'Institut de communications littéraires ou scientifiques.

ART. VI.

Toute personne étrangère à l'Institut peut s'abonner à la chambre de nouvelles et à la bibliothèque en se conformant aux règlements.

ART. VII.

Tout membre actif qui se conforme aux règlements est éligible aux charges, a accès à la bibliothèque, à la chambre de lecture, à la salle de discussion, a voix délibérative et droit de votes sur toutes questions.

ART. VIII.

Les membres actifs paient une contribution annuelle, fixée par les règlements.

ART. IX.

Les officiers de l'Institut sont : un président, un

premier et un second vice-présidents ; un secrétaire et assistant-secrétaire-archiviste ; un secrétaire-correspondant, un trésorier, un bibliothécaire et un assistant bibliothécaire.

ART. X.

Tous les officiers de l'Institut sont élus à la majorité des membres actifs présents, au scrutin secret, tous les six mois, savoir, à la première séance des mois de mai et de novembre, et ne peuvent être réélus au même emploi plus de deux semestres consécutifs, à l'exception du secrétaire-archiviste, du secrétaire-correspondant, du trésorier et du bibliothécaire, qui peuvent être continués en charge aussi longtemps que l'Institut le juge à propos.

ART. XI.

Le président préside à toutes les assemblées de l'Institut et du comité de régie ; il y maintient l'ordre, décide toute question d'ordre et ne peut voter que dans les cas d'une égale division de voix.

ART. XII.

En l'absence du président, du premier et du second vice-président, l'Institut nomme un président protempore.

ART. XIII.

Le secrétaire-archiviste est le dépositaire des archives de l'Institut ; tient une liste de tous les membres, ainsi qu'un journal des procédés de chaque séance, et est de droit le secrétaire du comité de régie.

ART. XIV.

L'assistant-secrétaire-archiviste remplace le secrétaire-archiviste en cas d'absence, et lui aide à remplir ses fonctions.

ART XV.

Le secrétaire-correspondant est chargé, sous la direction du comité de régie, de la correspondance de l'Institut; et en son absence le secrétaire-archiviste remplit ses fonctions.

ART. XVI.

Le trésorier veille à la perception des contributions, est le dépositaire des fonds de l'Institut, ne débourse aucune somme d'argent sans l'ordre du comité de régie ; doit tenir une liste de tous les membres actifs de l'Institut, doit présenter tous les mois au comité de régie, un état des recettes et des dépenses, et de plus, doit faire à la fin de chaque semestre un rapport de son administration, lors des élections sémestrielles de l'Institut.

ART. XVII.

Le bibliothécaire veille à la bibliothèque et à la chambre de lecture, de l'état desquelles il doit rendre compte, tous les mois, au comité de régie; il doit aussi accuser réception de tout don de livres et de pamphlets fait à l'Institut; en tenir un catalogue régulier avec les noms des donateurs, ainsi que de tous autres livres appartenant à l'Institut, et présenter tous les semestres, un rapport de son administration.

ART. XVIII.

L'assistant-bibliothécaire remplace le bibliothécaire au besoin, et lui aide à remplir ses fonctions.

ART. XIX.

Le comité de régie gère toutes les affaires de l'Institut, reçoit et examine tous les rapports des officiers, dirige la correspondance de l'Institut, par l'entremise du secrétaire-correspondant ; doit siéger tous les quinze jours, tenir journal de ses procédés, et en faire chaque mois rapport à l'Institut.

ART. XX.

On peut en appeler à l'Institut de toute décision du président.

ART. XXI.

Tous les procédés de l'Institut se font en français. Toute motion, tout rapport se font par écrit.

ART. XXII.

La fête patronale de l'Institut-Canadien est la St.-Jean-Baptiste.

ART. XXIII.

L'Institut ne peut se dissoudre que du consentement des neuf dixièmes de tous ses membres actifs.

ART. XXIV.

Toute motion pour amender, suspendre ou annuler quelqu'un des articles de cette Constitution, sera lue à la première séance du mois d'octobre, affichée dans les salles de l'Institut jusqu'à la 2de. séance du mois suivant, où elle ne pourra être adoptée que par les trois quarts des membres présents, dont le nombre ne sera pas moins de cinquante.

REGLEMENTS

TELS QU'AMENDÉS PAR LE DR. CODERRE ET JOS. DOUTRE, ECRS., EN AVRIL DERNIER.

ARTICLE I.

Il y a une séance tous les jeudis soir; le *quorum* est de dix membres.

ART. II.

ORDRES DU JOUR.

1.—Lecture de la minute de la dernière séance et de celles des séances précédentes qui n'auraient pas été lues.
2.—Motions pour admission des membres.
3.—Lecture de l'essai.
4.—Déclamation.
5.—Discussion du jour.
6.—Choix d'un sujet de discussion pour les séances subséquentes, et inscriptions des discutants.
7.—Lecture des rapports.
8.—Seconde lecture et considération des rapports.
9.—Prise en considération des motions dont avis a été donné.
10.—Autres motions et avis de motion.

ART. III.

Toute motion pour être reçue, doit être écrite et secondée.

ART. IV.

Sur motion, une séance ordinaire ou extraordinaire peut être spécialement consacrée, à un objet quelconque.

ART. V.

Sur demande de sept membres, le président convoque une assemblée extraordinaire, à laquelle on ne pourra s'occuper que du sujet mentionné dans la convocation.

ART. VI.

La contribution annuelle des membres actifs est de quinze chelins, payable par semestre et d'avance; les semestres commencent le 1er des mois de janvier et de juillet. Les abonnnés à la bibliothèque et à la chambre de lecture paient aussi quinze chelins par année, semestriellement et d'avance.

ART. VII,

Lorsqu'une personne sera reçue membre actif, elle recevra une carte d'admission pour laquelle elle paiera cinq chelins, à part le semestre courant, et elle ne sera considérée comme membre qu'après avoir reçu cette carte.

ART. VIII.

Pour être éligible aux charges et avoir droit de

vote aux élections, il faut avoir payé tous les arrérages et le semestre courant.

ART. IX.

Tout membre actif arriéré d'un semestre de contribution échu, est privé de tous les droits dont jouissent les membres.

ART. X.

Sur motion, l'Institut pourra faire rayer le nom de tout membre actif arriéré de deux semestres entiers de contribution, et tout membre dont le nom aura été ainsi rayé, ne pourra être admis de nouveau sans payer préalablement tous les arrérages qu'il devait lors de la radiation de son nom.

ART. XI.

Le comité de régie ne peut contracter aucune dette ni disposer d'aucune somme d'argent, sans l'autorisation de l'Institut.

ART. XII.

Tout officier s'absentant à trois séances régulières et consécutives, sans en donner de raisons légitimes, peut être déposé de sa charge et remplacé à la séance suivante.

ART. XIII.

Toute élection, soit générale, soit temporaire, se fait au scrutin secret et à la majorité absolue des bulletins. La candidature est permise. Et sur la demande d'un seul membre, le vote doit avoir lieu au scrutin secret, sur quelque proposition que ce soit.

ART. XIV.

Le trésorier, ou le secrétaire-archiviste en son absence, aura à chaque séance une liste alphabétique des membres, indiquant ceux qui ont payé leur contribution et ceux qui la doivent.

ART. XV.

Toute personne étrangère introduite par un membre, peut assister aux séances de l'Institut. Toute séance doit néanmoins avoir lieu à huit clos, sur la demande de cinq membres.

ART. XVI.

Le comité de régie peut établir pour la salle des séances et la chambre de lecture, tels règlements particuliers qu'il juge à propos, et qui, pour être en force, doivent être ratifiés par l'Institut.

ART. XVII.

Tout don fait à l'Institut-Canadien est reçu par le bibliothécaire, ou le trésorier qui doivent en faire rapport au comité de régie, à l'assemblée subséquente.

ART. XVIII.

L'Institut peut nommer des comités spéciaux chaque fois qu'il le juge nécessaire.

ART. XIX.

Toute motion d'ajournement est toujours d'ordre;

ART. XX.

Toute motion dont il n'aura pas été donné avis devra, sur demande de trois membres, être remise à une séance subséquente pour être prise en considération. Les motions pour admission de membres ne sont reçues qu'à la première séance régulière de chaque mois. Si la carte d'immatriculation n'est pas prise dans les trois mois qui suivent l'admission, tous les procédés d'admission sont nuls. Nulle résignation comme officier ou comme membre n'est valable à moins d'être faite par écrit ou personnellement, séance tenante.

ART. XXI.

Chaque membre ne peut prendre la parole qu'une seule fois sur la même question, à l'exception néanmoins de celui qui ouvre la discussion, auquel le droit de réplique est accordé. Le président peut, contrairement à cette règle, donner la parole à celui qui est personnellement attaqué, ou auquel on prête des paroles qu'il n'a pas dites.

ART. XXII.

Toute motion pour amender, suspendre ou abroger quelqu'un des articles de ces Règlements, ne pourra être prise en considération qu'aux séances des mois d'avril et d'octobre, et ne pourra être adopté que par les trois quarts des membres présents, dont le nombre ne sera pas moins de vingt-cinq. Avis de tel motion devra être donné huit jours d'avance et affiché dans les salles de l'Institut.

LISTE DES MEMBRES
DE
L'INSTITUT-CANADIEN.

A.

Allen George A.
Amos A.
Amiot Oct.
Archambault C.
Arel L.
Arcouet C.
Asselin Olivier.

Auclaire A.
Auger A. E. L.
Auger Chs. L.
Auger Joseph.
Auger Louis.
Aussem J.
Austin William.

B.

Badeau P.
Barbeau H. X.
Barbeau L. C.
Barnabé Ed. G.
Barret Joseph.
Barsalou Joseph,
Basinet Ant.
Barthe J. G.
Beauchamp I.
Beauchamp Joseph.
Beauchemin O.
Beaudry Ed.
Beaudry P. G.
Beaudry Louis.

Bernard H.
Bernard Ed.
Bérard Isaac.
Bertrand M.
Bertrand Ls.
Bibaud Dr.
Bibaud Evariste.
Bibaud M.
Bibaud E.
Blanchet P.
Bleau Lambert.
Bleau A.
Bleurry Hon. C. C. S.
Bonald De G. S.

Beaudry V.
Beaudry J. N.
Beaudry Jos.
Beaudry T.
Beaudry N.
Beaudette A.
Beaufield J.
Beaulée Elie.
Beaulieu H. C.
Beaupré N.
Belle C. E.
Bélisle T.
Beliveau A.
Beliveau L. J.
Beliveau H.
Belina M.
Betournay N.
Berthelet Olivier.
Berthelot J. R.
Betournay L.
Berubé G.
Betty F. L. A.
Berubé L. J.
Berthiaume J. M.
Berthiaume N.
Berthiaume Kelderic.
Béigue J. H.
Benoit Frédéric.
Benoit J. O.
Benoit O.
Benac Jos.
Bellefeuille Chs. De.
Bélanger L.

Bourbonniere N. G.
Boivin L. P.
Bohlé F.
Boivin J.
Bouthillier Jude.
Boudreau E. O.
Boudreau A.
Boudreau H.
Bonacina Charles.
Boulanget Jos.
Bourgeau H.
Boulette Dr. S.
Boulette P.
Bourrassa François.
Bourrassa J. N.
Bourret M.
Bouthillier E.
Brazeau F. X.
Branchaud M.
Brault F. X.
Brault F. X.
Brillon G. R.
Bristow William.
Brousseau E.
Brossau Moïse.
Bruneau Eugène.
Brunette D. W.
Bruneau Dr. A.
Brunette A.
Brown F.
Bureau J. O.
Buxton Dr. J.

C.

Cadieux Ad.
Cadieux Maxime.
Cadotte A.
Campbelle M.
Carpentier Joseph.
Carpentier P. H.
Currey D.
Cassidy H.
Cassidy J.
Chagnon dit Larose P.
Chagnon T.
Chagnon W.
Chagnon Ed.
Chapeleau Z.
Chamberland B.
Champagne J. B.
Champagne George.
Champagne Jos.
Charbonneau P.
Charlebois L.
Charlebois A.
Charpentier M.
Charron N.
Cherrier Adolphe.
Cherrier J. H.
Cherrier H. E.
Chevalt Chs.
Chouinard G.
Cinq-Mars P. J. M.
Cinq-Mars Chs.

Cinq-Mars R.
Civalier N.
Civalier S.
Clarke H. G.
Clément G.
Coderre Dr. E.
Coffin H. W.
Comte A.
Content F.
Content E.
Content Adolphe.
Côté H. E.
Côté Louis.
Couillard J. B. A.
Coursol J.
Coursolles T. G.
Coursolles Chs. S.
Courtois P.
Coquerelle R.
Crevier G.
Cressé A.
Crotteau L. G.
Crotteau N.
Cusson F.
Cusson N.
Cusson A.
Cypiot T.
Cyr N.
Cyr L. D.

D.

Daley H. J.
Daigle Jos.
Dandurand O.
Darling Christophe.
Darche Noël.
Darche David.
Dansereau Chs.
Dansereau Joseph.
Dansereau H.
Dary P. G.
Daoust Chs.
Damour A.
David G.
David S.
Davignon A. S.
Decelles A. C. D.
Defoy J.
Delisle A.
Demers J. L.
DeMontigny C. J. N.
DeMontigny X.
Denouvion A. E.
Demaray P. O.
Derome F. M.
Derome L. A.
DeLagrave L.
Desaulniers T.
Desaulniers Chs.
Desrivières H.
Desnoyer M.
Desjardin Dr. A.

Desrochers Joseph B.
Descarry Jean
DeWitt Jacob.
Dobro A.
Dorion A. A.
Dorion J. B. E.
Dorion V. P. W.
Doray T.
Douaire D.
Dorval Joseph H.
Doutre Jos.
Doutre Léon.
Doutre P.
Doutre Ed.
Doutney J. L.
Dubé F.
Doyon M.
Ducundu Ed.
Ducharme J.
Dubuc N. V.
Ducundu C.
Dubreuil C.
Dubord A.
Dubois L. S. G.
Dubois E. A.
Dugas E.
Dumas A.
Dumoulin C.
Dufresne P.
Durand C.
Dufresne C.

Desjardin J. M.
Desrosiers L.
Desrochers C.
Desmarais U.
Desaulniers L. A.
Desautels P.
Dessaulles C.
Dessaulles L. A.
Deschamps J. E.
Desrivières F. M.
Desrosiers L. A.
Derome L. A.
Dépincier O.
Desrochers Pierre.

Duhamel J.
Ducharme Léandre.
Dupuis J.
Dupont D.
Durand O.
Dumesnie J. B.
Dugas Dr. A.
Dupras Jos.
Dutton Jos.
Dunkin Chs.
Duvert H.
Duverger Louis.
Duvernay D.
Dyon C.

E.

Elie A.
Elliot J.
Elliot John.

Emery M.
Enos A.

F.

Fabre H.
Fauteux G.
Fauteux P. A.
Favreau A.
Ferté J. E.
Filiatrault L.
Filiatrault H. A.
Fitzpatrick John.
Foisy A. J.
Fontaine P. H.

Forbes H.
Fournier E.
Fournier J. H.
Franchère L. O.
Franchère L.
Francœur D.
Fréchette Chs.
Frechette Ls.
Frazer E.
Fruitier Louis.

G.

Gagnon Michel Moïse.
Gigon Calixte S.

Gallarati A.
Galibert T.
Galibert C.
Garnot O.
Garriépy J.
Garriépy T.
Garriépy Alfred.
Garreau M.
Gaucher G.
Gauthier E.
Gauthier E.
Gauthier P.
Gauthier L.
Gauthier Ferdinand.
Gearry W.
Gélinas J.
Gélinas S. M.
Génant E.
Gendron P.
Généreux J.
Geoffrion F.
Gérard F.
Gervais U.
Giroux O.
Giroux T.
Giroux J. R.
Gouin J. R.
Goedike D. R.
Godfroy Thomas
Goldie G.
Goulet J.
Grandpré C. de
Gravel C.
Gravel J. A.
Gravel Jos.
Gravel Ed.
Grenier Jérome
Grenier E.
Crenier Joseph
Guilbeault N.
Guibord J.
Guérin Dr. Chas.
Guitté P. G.
Gunn W.
Gunn J.

H.

Haldimand J. W.
Hamelin R. M.
Hanley J. A.
Hays E.
Hébert Charles
Heney Napoléon
Hemming E.
Hensley E. R.
Hérard J. B.
Hervieux P.
Heyneman P. D.
Hua P.
Hubert R. A. M.
Hudon V.
Hudon P.
Hurtubise H.

3

J.

Jeannot L. C.
Jetté L. A.
Jobin J. H.
Jodoin P.
Jodoin A., père
Jodoin A. S., fils

Jodoin A. P.
Joly F. X.
Jordan Jos. E.
Joubert A. D.
Joubert L.
Julien J.

K.

Kaith J.
Karnick G.

Kinnear D.
Kinsworth Charles G.

L.

Labadie J. E. O.
Labadie J. A.
Labadie Adolphe
Labelle J. B., organiste
Labelle Jos. E.
Labelle Hospice
Labelle L.
Labelle J. B.
Laberge Chas.
Laberge E.
Laberge L.
Laberge Augustin, père
Laberge Augustin, fils
Labrèche-Viger
Labrèche L.
Lacroix C.
Lacroix H.
Lacroix F.
Lacroix Henri
Lacroix J.

Lagarde C.
Laurent M.
Lauzon F.
Lajoie A. G.
Laliberté O.
Lamarche F.
Lamarche G. D.
Lamothe A.
Lamothe G.
Lamontagne H.
Lamontagne C. H.
Lamontagne L.
Lamouche M.
Lamoureux F.
Lamoureux C.
Lanctot Ed.
Langelier Ludger
Langlois Ls.
Langlois J. B.
Langlois P.

— 35 —

Lacroix Pierre
Lachapelle H.
Lacombe M.
Laferté A. F.
Laflamme R.
Laflamme God.
Lafleur F.
Lafond J. E.
Lafontaine Jos. L.
Lafontaine L.
Laforce A. P.
Lafortune L.
Lafrenaye C. R.
Lafrenaye P. R.
Lafricain T.
Lagarde J.

Lanctot H.
Lanctot H.
Lanctot N.
Laparre J.
Lapierre A.
Lapierre Chs.
Lapierre G.
Lapierre L. P.
Lapointe H.
Lapointe G.
Lapointe F.
Larue Léon
Latreille F.
Latrimouille Hyacinthe
Latte D.

M

Macdonald John.
Magnan Amédé.
Mackay J. P.
Mackay Robert.
Mackenzie Richard.
Malhiot J. E.
Malhiot E.
Malo O.
Martin S.
Mathieu P.
Maillet E.
Marchesseau Luc.
Martineau S.
Marcil Chs.
Marcil Gilbert.

Mayor Morris.
McKeou P. Dr.
McCullum Dr.
McCullum C. F.
Melchior R.
Mercier Edouard.
Melançon Claude.
Ménard Chs.
Mercil L.
Mercier A.
Mercier A. A.
Merrill E. M.
Merrill H.
Michaud F. X.
Michon T.

Marchand H. G.
Marchand Chs.
Marchand L. W.
Marchand L. W.
Marchand L.
Marchand Jos.
Marchand Alf.
Marion J. B.
Masson Adolphe.
Masson Alfred.
Masson Ed.
Masson J,

Masson J. W. A. R.
Mignault W.
Monat Louis.
Montmarquet A. E.
Montmarquet Ed.
Montmarquet Jos. D.
Monette M.
Morin L. S.
Morlay J. L.
Mousseau A.
Murphy P. S.
Murphy John.

N.

Naezélé P. C.
Nantais Onézime.
Naud David.
Neveux D.

Neveux L.
Noxan J. B.
Noxan Robert.

O.

Ouellet A.
Ouellet Euzèbe.
Ouellet V.
Ouellet T.
Ouellet Norbert.

Ouimet F. X.
Ouimet C. B.
Olivier L.
Ossage F. M. F.

P.

Pacaud E. S.
Pacaud J. C.
Park J.
Page E.
Papin Joseph.
Papin Aug.

Perreault J.
Perreault Dr. V.
Perrico John.
Petit Claude.
Piché L.
Piché U.

Papineau D. E.
Papineau C. F.
Papineau L. J. A.
Painchaud O.
Painchaud A.
Panneton A.
Pariseau C. E.
Paradis A.
Parent F.
Parent B.
Payette C.
Pelletier A.
Pelletier O.
Pelletier E.
Pelletier David.
Penny Ed. G.
Perreault L.
Perreault M.
Perreault E.

Pigeon N.
Philipps H. G.
Pierrotti J.
Picault C.
Plamondon L.
Pomminville E.
Pomminville C.
Pomminville F. P.
Poirier R. H.
Poirier S.
Pratt J.
Prutt C. H.
Pratt E.
Prévost M.
Prévost S.
Prévost J. M.
Provost R.
Prefontaine M.

Q.

Quevillon Chs.

R.

Racicot J. C.
Rambeau A.
Rapin T.
Ranson E.
Ramsay T. R.
Rathé J.
Raymond D.
Renaud Louis.
Richard L.

Roy A.
Roy C.
Roy Rouer.
Roy L.
Roy Philias.
Roux C.
Robert J. Etienne.
Robillard Joseph.
Robillard J. B.

Richer A. O.
Rivet L.
Rivet E.
Rivet Marcil.
Roy E.

Robillard P. R.
Rodier P. A.
Rototte Dr. J. B.
Rowan Wm.
Ryland Worwick H.

S.

Sabourin C.
Séguin J.
Senécal L. A.
Scott Thomas.
Sharing L.
Shaerer D.
Shay James.
Sincènnes J. R.
Siméon L.
Singer B.
Smith W.
Smith John.
Smith J.
Souci T.

Soupras Charles.
Soupras Dosithé.
Spénard C. C.
Spénard L.
Starnes E.
Stephen W. G.
St. Jacques R.
St. Amand A.
Ste. Marie C. B.
St. Jean F.
St. Jean A.
St. Onge J.
Stuart Chs.
Sutherland James.

T.

Tavernier L. H.
Tellier A.
Tessier G.
Thain T. L.
Thibodeau O.
Thifault G.
Thompson Toussaint.
Thompson N.
Thompson A.
Thompson E. D.

Tiffin H.
Tourville L.
Torrance J. W.
Trudeau R.
Trudeau O.
Trudeau L. L. N.
Trudeau Joseph.
Trudel J. B.
Turcotte R. E.
Turcotte Remi

Thompson John.
Thaylor.
Tison J. B.

Turgeon T.
Turgeon Edmond.

V.

Vallée J.
Vallée G.
Vallée M.
VanFelson G.
Vanburer F. L.

Vernor T.
Vilbon J.
Villeneuve O.
Violetti J. D.
Voligny L. B.

W.

Weilbrenner A.
Weilbrenner A.
Wilson Thomas.
Wilson Chs.

Wilseam Dr. Wm.
Whiteford R.
Wolff P.
Wurble W.

INSTITUT-CANADIEN.

HUITIÈME RAPPORT ANNUEL DU COMITÉ DE RÉGIE DE L'INSTITUT-CANADIEN.

Aux Membres de l'Institut.

MESSIEURS,

Depuis huit ans que l'Institut-Canadien existe, votre Comité de Régie a toujours eu la satisfaction de vous annoncer chaque année, que les progrès de de notre institution avaient doublé ceux de l'année précédente. Ces succès ont fait de notre anniversaire un véritable jour de fête, où nous n'avons plus qu'à mentionner les difficultés que nous avons rencontrées que comme autant d'occasions de triomphe. Votre Comité n'a aujourd'hui qu'à vous répéter les félicitations que vous avez reçues par le passé, comme un encouragement pour l'avenir.

L'Institut-Canadien a dignement poursuivi l'œuvre si éminemment utile de donner à la jeunesse de Montréal un école, où les uns continuent l'éducation ébauchée des colléges, où d'autres se font à eux-mêmes une première et laborieuse éducation, où tous, nous puisons des sentiments d'honneur et des vertus civiques, qui préparent pour notre ville, une société sinon brillante, du moins éclairée et honorable.

Dans le cours de cette année, l'Institut a continué à recevoir de la part de plusieurs de nos compatriotes et d'étrangers, les témoignages de sympathie qu'ont inspirés par le passé les généreux efforts de la jeunesse.

TRAVAUX DE L'INSTITUT.

Cinquante séances ont eu lieu dans le cours de l'année et il a été discuté 31 questions, soit de philosophie, d'économie politique ou d'appréciation historique. La moyenne du nombre des personnes qui ont assisté à chaque séance est d'à peu près soixante, parmi lesquelles on a presque toujours remarqué des personnes de la campagne, qui ont pu tirer quelque profit du spectacle d'une jeunesse occupée d'aussi utiles travaux, et délibérant avec une dignité que l'on pourrait dire parlementaire. Trois essais ont été lus par MM. Fabre, Smith et Demaray. La constitution et les règlements modifiés en 1850, ont reçu la consécration de deux années d'application journalière, et paraissent répondre à tous les besoins de l'Institut.

LECTURES PUBLIQUES.

Six lectures ont été lues devant l'Institut et le public, par MM. Barthe, Lenoir, Laberge, J. B. E. Dorion, Lafrenaye, et Charles Thailhades, capitaine au long-cours. Il a aussi été fait une lecture par M. J. Doutre, de l'essai par lui fait pour le concours offert par l'honorable M. DeBoucherville, et couronné le 17 décembre dernier. Votre comité a la satisfaction de vous annoncer que plusieurs personnes se sont engagées à faire des lectures devant l'Instisut durant le cours de cet hiver.

BIBLIOTHÈQUE ET CHAMBRE DE NOUVELLES.

L'Institut possédait le 17 décembre dernier, une

bibliothèque de 1,500 volumes; dans le cours de l'année, l'Institut a acheté cent volumes, et il lui en a été donné 362.

Le nombre total de livres dont se compose actuellement la bibliothèque est de 1,962 volumes.

L'Institut a reçu des cartes de géographie de quelques amis et entr'autres des MM. suivants : A. Comte, S. Martin et P. Blanchet.

MM. O. Beauchemin et M. Desnoyers ont donné à l'Institut, le premier, le portrait de Kossuth ; le second, celui de Mgr. de Charbonnel. MM. Ls. Perrault et L. E. Morin ont placé dans les archives de l'Institut deux documents relatifs à l'établissement de la république américaine.

L'Institut réitère l'expression de sa gratitude pour la générosité dont il a été l'objet.

La circulation des livres de l'Institut pendant l'année, a été de 3,119 volumes ; ce qui fait 374 volumes par mois.

Le nombre de journaux reçus à la salle de lecture a été de 48, dont 19 en français et 29 en anglais ; 5 sont d'Europe, 12 des Etats-Unis et 31 des différentes parties du Canada. L'Institut souscrit lui-même à 21 journaux ; il en a reçu huit gratuitement de leurs propriétaires savoir : la *Minerve*, le *Pays*, l'*Avenir*, le *Semeur Canadien*, *The Pilot*, *The Witness*, *The True Witness*, *The Canada Medical Journal*. L'établissement de l'*Avenir* en a fourni 17, M. Cyr 2, et un ami inconnu, *The North American*.

Quand on considère le nombre de connaissances utiles que dessément parmi la jeunesse un aussi grand nombre de livres mis en circulation et la lecture d'une telle variété de journaux, on peut dire sans amour propre de localité, que Montréal possède une population qui ne le cède en lumières à celle d'aucune partie du pays.

LES MEMBRES.

Lors du dernier rapport annuel, l'Institut se composait de 325 membres, et il compte aujourd'hui dans son sein 418 membres actifs, parmi lesquels le comité voit avec plaisir un certain nombre d'ouvriers.

C'est avec douleur que nous consignons ici la perte de six membres de l'Institut, décédés durant l'année. Ce sont MM. Jos. Blanchard, Cléophas Boudreau, J. A. Tailhardes, P. Cajeton, G. Giroux, J. P. Plamondon.

Neuf membres ont abandonné l'Institut pendant l'année et donné leur résignations. Sur le nombre deux ont déclaré le faire pour entrer dans une nouvelle société fondée le printemps dernier, sous le nom " d'Institut-National."

FINANCES.

	£	s	d
Le 17 decembre 1851, le trésorier avait en caisse............£	15	0	0
Reçu pour contributions ordinaires des membres.......................	181	5	0
Don de l'hon. P. DeBoucherville...	3	10	0
Souscriptions extraordinaires pour achat de livres, etc............	8	17	5
Abonnés à la chambre de lecture...	1	13	6
De diverses sources.............	7	15	8
Total........£	353	5	2

DÉPENSES.

Payé pour l'Essai Boucherville.....£	10	0	0
Pour achat et reliure de livres....	44	10	7
Impressions du catalogue de la Bibliothèque..................	5	7	9
Réparations à la Salle de lecture..	30	7	1
Dépenses courantes et ordinaires..	127	16	5
Dépenses pour drapeau et introduction du gaz.................	3	17	8
En dépot à Banque d'Epargne....	25	17	11
	£253	5	2

JOSEPH DOUTRE, Président.

Montréal, 17 déc. 1852.

INSTITUT-CANADIEN.

LECTURE PUBLIQUE,
"LA CHAMBRE D'ASSEMBLEE DU BAS-CANADA,"

PAR

CHS. LABERGE, ECUIER AVOCAT,

LUE DEVANT L'INSTITUT ET LE PUBLIC LE
17 DECEMBRE 1852.

M. le Président,

Mesdames et Messieurs,

Je suis fâché pour vous et pour moi que la charge de vous entretenir ce soir n'ait pas été départie à l'une des personnes qui, les années précédentes, s'en sont si bien acquittées, dont l'esprit enrichi par la science et l'imagination poétiques, donnent tant d'attraits à leurs productions. Vous voudrez bien vous consoler du présent dans la réminiscence d'un agréable passé et dans la certitude d'entendre bientôt quelque chose de plus intéressant.

La difficulté toujours croissante de ces essais serait à elle seule une preuve suffisante des procès que cette association a fait faire au bon goût et à l'amour des plaisirs intellectuels, qui devient de plus en plus exigeant et insatiable. Cela peut s'expliquer surtout par la présence des dames dont l'esprit et le cœur si délicats communiquent cette quantité à ce qui les approche, comme les fleurs laissent partout leurs parfums.

Le sujet dont je vais vous entretenir ce soir, Mesdames, n'est pas au premier abord fort intéressant pour vous et j'en serais embarrassé et chaqu'un si je ne savais qu'on vous fera toujours plaisir en vous parlant de votre pays, et que, dans vos cœurs accessibles à tout ce qu'il y a de beau et de bon, vous réservez toujours au milieu des autres affections, une place d'honneur pour l'amour de la patrie.

Huit années déjà se sont écoulées depuis que quelques jeunes gens de cette ville fondèrent l'Institut-Canadien. J'en aperçois quelques-uns dans cette réunion ; il en est d'autres que je chercherais en vain : les uns sont allés chercher sous un climat plus hospitalier la fortune qui s'obstinait ici à ne leurs pas sourire et à les bouder ; il ne reste plus de quelques autres qu'un pieux souvenir dans le cœur des amis, la mort a pris pour elle la meilleure part.

Ces huit années ont été autant d'années de dfficultés et de revers dont les menbres de cette association sont chaque fois sortis triomphants. Les hommes d'intelligence et d'étude sont les enseignes, les porte-drapeaux de l'armée humaine ; les derniers ils doivent céder et sauver à tout prix ce précieux dépot de la science confiée à leur honneur.

L'Institut a progressé doucement, suivant les lois de la nature ; les germes se sont développés sous une température douce et modérée, graduellement, sagement. Aussi, quand vint l'orage, l'arbre plia, mais il ne cassa point ; quand un désastreux incendie s'attacha à ses branches, à ses rameaux, mit en cendres ses archives, son petit et modeste trésor ; quand le feu matériel s'attacha pour les dévorer, à ses livres que créa le feu divin de l'inspiration, quand ce malheur horrible fondit sur l'Institut et sembla l'anéantir, il était déjà trop fort pour en être abattu. Il se roidit courageusement contre l'infortune ; et fort de l'espoir qui sourit toujours aux hommes de cœur et qui donne le succès aux audacieux ; ses membres se mirent hardiment à l'œuvre. L'incendie avait détruit une chaumière ; ils réédifièrent un palais. Les séances devinrent de plus en plus fréquentes et intéressantes ; l'arsenal de ces courageux soldats s'enrichit en peu de temps d'une magnifique collection d'ouvrages embrassant presque toutes les connaissances humaines. La chambre des nouvelles réclama le tribut quotidien de l'intelligence des autres pays ; le journal, cet précieuse obole de la presse, accourut de l'étranger et de toutes les parties du pays, pour dérouler sous les yeux d'avides lecteurs le diorama journalier du monde.

Comment cela s'est-il produit ? Comment l'Institut s'est-il maintenu malgré les obstacles et les revers ? C'est le mystérieux secret de l'association. Y a-t-il parmi ceux qui ont contribué à ce beau résultat quelqu'un qui y ait enseveli sa fortune ? qui ait rendu misérable l'existence de sa famille et la sienne ? Non. Le trésor publique a-t-il délié les cordons si faciles, si habitués à cette opération qu'il semble qu'il soit toujours béant et que l'argent se subtilise, s'y évapore ? Non. Ce n'est personne et c'est tout le monde qui y a mis la main ;

de minces filets d'eau à peine perceptibles, ont fourni ce beau fleuve ; chacun a apporté sa pierre à l'édifice et il s'est élevé comme par enchantement. Des résultats qu'on n'eût osé prévoir, dont on eût souri avant que cette association fut fondée, ont été obtenus de telle sorte qu'ils semblent avoir surgi de terre seuls, sans soins, sans culture, comme l'arbre de la forêt ou la fleur des champs. Tout cela s'est accompli sans bruit dans l'ombre, avec le temps, un peu de travail et beaucoup de persévérance. On admire avec raison ces superbes palais élevés sur ce continent par des peuples qui ne sont plus avec la seule force des bras humains, sans le secours de la mécanique. Nous devons nous incliner avec encore plus d'admiration devant ces ouvriers de la pensée, dont l'intelligence élève au sein de notre patrie de si beaux monuments à l'intelligence humaine.

Le concours brillant qui se presse dans cette enceinte, l'empressement avec lequel on répond à l'appel de l'Institut, prouve à l'évidence l'intérêt que le public attache à cette association, intérêt aiguisé par l'attrayant patronage des dames dont la présence fait le principal charme de ses réunions, de ses joutes littéraires dont les bienveillants regards et leurs doux sourires sont l'aimable récompense.

Par les séances régulières, on voit aussi combien la jeunesse de cette ville, en qui elle se développe, les germes de la science et de la fraternité, l'apprécie hautement.

Une nouvelle génération de membres s'y élève déjà, et l'envahit avec l'ardeur fébrile de son âge ; les rangs se pressent, se heurtent, et les conscrits poussent l'épée dans les rains de leurs devanciers qui redoutent déjà ces rivaux qu'ils se sont faits.

Puisse cette lutte pacifique se prolonger longtemps, puissent des flots de jeunes gens de cœur et d'énergie se succéder incessamment à d'autres flots, et la jeunesse y venir toujours cueillir avidemment l'amour de la science et de ses frères. Quelle belle arêne est ouverte à ces nobles concurrents qui se préparent ici à des luttes plus grandes encore et plus importantes qui s'y formeront au gouvernement de leurs semblables; qui apprendront à manier avec habileté ces ressorts secrets qui font mouvoir les hommes; à toucher délicatement ces fibres du cœur humain, dont les vibrations sont le signal du dévouement, de la charité, de l'héroïsme; qui s'y habitueront à respecter, même en les combattant, les opinions et les préjugés des autres, avec cette modération qui gagne les cœurs pour subjuguer les esprits.

Avec l'aide des hommes mûrs et sérieux, avec la coopération généreuse des hommes auxquels la Providence a confié des trésors pour faire le bien, l'Institut peut devenir dans un avenir prochain, un des temples de la science sur ce continent. Avec une incorporation qui lui donnerait une existence légale, avec un édifice qui répondrait à sa destination et qui serait un monument de gloire et de bienfaisance, l'Institut peut devenir bientôt une de ces sociétés savantes, si éminemment utiles, qui éclaireront le Nouveau-Monde dans sa marche ascendante vers le progrès; un de ces puissants laboratoires où la pensée humaine s'éprouve, s'épure et se fortifie, pour éclater ensuite sur le monde en gerbes resplendissants comme le soleil à son lever.

Il ne dépend que d'un public éclairé d'assurer à l'Institut cette haute destinée, à leur pays cet inappréciable bienfait. Dans tous les cas, l'énergie de ses membres nous en est un gage, l'Institut ira toujours croissant, et s'il ne parvient pas aux hautes destinées que j'ai dites, il demeurera toujours pour la jeunesse une arène préparatoire ; s'il n'est pas pour ses membres le temple de la gloire, il en sera le vestibule.

Permettez-moi maintenant de faire un grave et solennel rapprochement ; de vous demander un souvenir religieux pour un autre anniversaire devant lequel celui-ci peut pâlir sans honte.

Vous savez comment s'éteignit le dernier siècle, dans des convulsions affreuses, dans une effroyable agonie ; comment il étouffa dans le sang, en le lançant vers le ciel comme pour le maudire de l'anathème qu'il avait lancé sur lui. Le trône le plus solidement assis manquait sur sa base, sous les coups répétés des idées révolutionnaires ; ayant en tête, comme par une amère dérision de la Providence, le peuple le plus civilisé du monde, l'humanité allait entrer dans une voie douloureuse et sanglante. Que se passait-il alors dans ce petit coin du globe, dans cet obscur pays qui nous est si cher ? Ce que d'autres peuples avaient conquis les armes à la main, au prix de longues et cruelles guerres ; ce que d'autres peuples allaient chercher jusque dans les horribles profondeurs d'une mer de sang ; ce qui était l'objet des ardentes convoitises de toutes les nations, nous l'obtenions sans trouble, sans larmes, sans douleurs, sans guerre, sans effusion de sang : un gouvernement représentatif.

Il y a soixante ans aujourd'hui, même le 17 décembre 1792, que s'ouvrait le premier parlement du Canada, que cinquante citoyens, nos ancêtres, inauguraient ici le règne du peuple, et prenaient en mains le gouvernement de leur patrie. Combien vive, saisissante dût être leur impression, ce jour mémorable, quand ils prirent possession salennelle des destinées de leur pays ; que se passait-il dans l'âme de ces chevaliers, coulés au moule antique de la monarchie absolue, quel vertige peut-être les éblouit, quand en ouvrant la représentation, cette porte de la démocratie, ils purent apercevoir d'un regard prophétique, la perspective infinie que cette première concession ouvrait dans les domaines de la liberté.

Quelle religieuse gravité devait avoir cette vénérable assemblée quand, au nom de Dieu et du peuple, elle planta sur notre sol l'étendard qui nous doit guider vers la future indépendance !

Permettez donc que je m'incline devant ce glorieux souvenir, devant ce mémorable anniversaire qui se penche sur le seuil de notre siècle avec toute la majesté de sa vieillesse, comme un aïeul mourant qui vient donner à sa postérité les derniers avis et les dernières bénédictions.

L'Institut, j'ose m'en flatter, ne sera pas faché que je donne le pas à la vieillesse, en vous entretenant ce soir sur notre ancienne chambre d'assemblée du Bas-Canada.

Il est clair que je ne puis que jeter un rapide coup-d'œil sur ce drame de près d'un demi siècle, dont l'intrigue et le développement seront bien resserés, bien gênés dans le cadre étroit de cet essai. Les faits ont été empruntés à M. Garneau et à M. Christie, et aussi à certains entretiens de vive voix avec des hommes qui ont assez vécu pour en voir se dérouler devant eux presque toutes les scènes.

Depuis le premier parlement, une génération entière a passée, ne laissant guère que quelques épis que la mort, avide moissonneuse, viendra bientôt glaner.

De ces cinquante députés qui composèrent la première chambre, qui tinrent leur pays sur les fonds baptismaux de la liberté, pas un seul ne respire aujourd'hui, tous sont passés comme leur siècle et sont allés le rejoindre : les noms même de la plupart sont ignorés ou oubliés des contemporains. Le temps a soufflé sur leurs poussières et les a dispersées. A peine quelques rares débris ont-ils surnagés dans ce naufrage d'une génération dans l'abîme de l'oubli, que chaque siècle creuse toujours davantage.

Quelques belles et grandes figures, couronnées de l'auréole du talent uni à la vertu et au patriotisme, apparaissent seules à l'horizon ; précieux ombres qui semblent planer au-dessus de leur pays comme des génies tutélaires.

Que de beaux talents, que de nobles cœurs ont honoré cette tribune parlementaire, dressée il y a soixante ans, au milieu de nous, qui sont à peine connus de nom à leur postérité, qui jouit avec indifférence des biens qu'elle a reçu d'eux. Qu'il serait intéressant de voir défiler ces illustres morts dans une galerie d'outre-tombe, sous les yeux d'écrivains comme l'Institut en possède quelques uns.

Espérons qu'il se rencontrera quelqu'un qui exhumera pieusement, l'une après l'autre ces précieuses cendres, qui ouvrira leurs cercueils, écartera les livrées de la mort et les interrogera pour l'instruction des vivants. Que de secrets ils pourraient nous dévoiler ; le passé est moins muet que l'avenir, la mort plus éloquente que le néant.

Il y a quinze ans que la tombe s'est refermée sur notre législature, abimée dans une catastrophe, ensevelie avec notre ancienne constitution, et en même temps avec notre existence nationale comme peuple du Bas-Canada, pays que l'on a effacé de la carte de l'Amérique du Nord, par une de ces rages politiques aussi insensées, aussi vides, aussi creuses que cruelles.

Bien des hommes et des choses ont passé sur cette tombe, l'ont foulée ; un état de choses nouveau a remplacé l'ancien, et quand leurs cendres seront confondues, l'histoire dira lequel valait le mieux ; si nous avons gagné à la perte de notre existence individuelle pour l'existence collective que l'union nous a faite.

Pendant trente ans a duré le combat de notre législature, cette gigantesque lutte d'un petit peuple isolé, noyé au milieu des autres, sans autres armes que son droit et une constante protestation, sans autre forteresse qu'un attachement inouï à tout ce qui constituait ce peuple contre une des plus formidables puissances du monde.

Mélange de grandeur et de faiblesse, alliance de chevalerie et de républicanisme, de loyauté et d'esprit révolutionnaire ; d'une main cette faible nation combat sans relâche ses maîtres et oppresseurs, et de l'autre elle terrasse l'ennemi commun, et conserve deux fois à l'Angleterre ce sol qu'elle lui a fait payer si cher avant de le lui rendre.

C'est un beau spectacle que le droit aux prises avec la force en présence de Dieu, le maître des faibles et des forts ; c'est celui que présentèrent nos ancêtres aux prises avec l'arbitraire, le despotisme, la force brutale, la supercherie, la ruse, les préjugés, la cupidité et la haine.

Aussi, si je pouvais en parcourant rapidement cette histoire engager les jeunes gens qui m'écoutent à l'étudier, je serais satisfait du résultat, parceque cette histoire est pleine d'intérêt.

Dès que la possession paisible du Canada fut assurée à l'Angleterre, par le traité de Paris, en 1763, son gouvernement pour pousser vers le Canada les flots de sa surabondante population, fit briller à leurs yeux comme un talisman, l'espoir prochain d'un gouvernement, d'un parlement colonial à l'instar de celui d'Angleterre. Le gouverneur Murray était même autorisé par ses instructions à convoquer les communes du Canada ; ce qu'il ne fit pas pour plusieurs raisons, dont la principale dût être que les Canadiens-Français en seraient exclus, ne pouvant exercer ce droit sans reconnaître la suprématie religieuse du roi d'Angleterre et renier la transubstantiation, serment incompatible avec la foi catholique.

Le régime militaire jusqu'à 1774 ; puis à cette époque, un conseil législatif nommé par la couronne, tels furent, on le sait, les gouvernements que nous donna successivement, ce qu'on est convenu d'appeler en language officiel : la mère patrie, même pour nous.

Après vingt sept ans d'attente, l'Angleterre réalisa sa promesse en 1791, par l'octroi d'une constitution faite à l'image de la science un peu rajeunie, un peu fardée, et à laquelle une traversée de l'océan et l'air et le soleil d'Amérique avait fait un bien considérable. Telle qu'elle, cette constitution était un magnifique présent. Tout est relatif dans le monde ; et quand les premiers Européens vinrent faire la traite sur ce continent, en échange de riches fourures, ils donnaient aux naturels des clinquants, de la verroerie, etc.

Avec les idées du temps surtout et dans notre pays demeuré, plus que les autres peut-être par sa position, fidèles aux vieilles traditions monarchiques, cette constitution fut accueillie comme un don royal et gratuit, non comme un droit, avec le temps, nous sommes devenus quelque peu exigeants.

Pour en venir là, du reste, il avait fallu vaincre de sérieuses difficultés, et fouler aux pieds des préjugés fortement enracinés par le temps et la législation, en accordant au Canada en notre faveur, une émancipation prématurée des catholiques alor soumis en Angleterre aux exclusions les plus odieuses, et réduits à l'état d'ilotes.

Voilà donc nos pères en face d'un état politique dont ils n'avaient presqu'aucune notion, qui ne se rattachait à rien dans leur passé, qu'ils ne pouvaient étudier que dans une langue étrangère encore peu connue, l'étude au reste, très ingrate, s'il faut croire qu'elle consiste en grande partie à se bourrer l'esprit de précédents plus ou moins nouveaux et équitables.

Aussi, cette inexpérience parait-elle éclater bientôt dans le peu d'attention des représentants, d'accéder de suite à une demande qui leur fut faite dès l'une des premières sessions de pourvoir aux dépenses civiles du gouvernement, malgré qu'en 1792 la chambre eût déclaré son droit exclusif de voter les subsides.

Je ne répèterai pas ici, ce que tout le monde sait, que dans tous les gouvernements constitutionels, le premier et le principal droit des représentants est celui de voter et répartir les dépenses publiques, de manière à tenir la branche exécutive par l'argument sans réplique de la faim; c'est le peuple qui paie, c'est lui qui doit décider par ses représentants, l'application de ce qu'il paie.

La chambre ne tarda pas à s'apercevoir de la grave erreur qu'elle avait commise. Le gouvernement impérial avait établi un certain revenu par l'acte de 1774; la chambre y ajouta quelques milliers de louis, et la caisse militaire comblait le déficit. L'autorité coloniale se garda bien d'insister auprès des représentants, et prit acte de leur inaction comme d'une reconnaissance de son droit, à elle de contrôler les dépenses. Cette proie que tenait la gente officielle, il fallut plus tard des efforts inouis pour la lui arracher. En 1800, le duc de Portland augmenta les dépenses de £26,000 à 36,000 sans consulter la chambre.

Sous sir James Craig, de triste mémoire, en 1810 la chambre répara sa faute, en offrant spontanément de voter et payer les dépenses publiques, à quoi Craig répondit, que la demande n'était pas constitutionelle, parceque le conseil législatif n'y avait pas concouru ; son entourage plein de sollitude pour le peuple, lui fit ajouter que la chambre était peut-être trop généreuse et que les ressources du pays pourraient être insuffisantes à remplir cet engagement. Quelle tendresse, quelle délicatesse ! comme ces gens se pâmaient d'aise devant le coffre public. Il était alors peu enflé, c'est vrai, mais il y avait aussi beaucoup moins d'affamés. En pareil cas il fallait prendre la balle au bond, et il était trop tard.

Ce ne fut qu'en 1818 que Sherbrooke demanda à la chambre de pourvoir aux dépenses, et cette fois elle ne se fit pas prier ; seulement comme il se faisait tard, elle vota les dépenses en bloc. On se repentit bientôt de cette concession, de ce commencement de justice. La chambre jugea à propos en 1819, de réduire les dépenses, en retranchant celles qui étaient inutiles, les censures, et vota par items distincts et séparés chaque dépense en particulier, ce qui fut on ne peut plus mal accueilli par le conseil législatif qui régorgeait d'employés ; on payait £1,500 à un lieutenant-gouverneur de Gaspé, qui n'existait que de nom, £400 à un secrétaire provincial, un M. Amyot, qu'on a jamais vu dans le pays.

En 1821, même embarras au conseil. En 1823, se découvre tout à coup une de ces plaies hideuses qui souillent l'histoire des peuples, un de ces scandales qui révoltent tant la conscience publique, parcequ'ils parlent d'en haut ; la défalcation du receveur-général sir John Caldwell qui, après avoir établi force usines, et moulins, commerce sur le bois, mené un train princier, s'aperçut un beau matin qu'il manquait la bagatelle de £100,000 pour faire face aux dépenses publiques. Cet officier avait, ainsi que les autres, le droit de se servir des fonds publics; il n'était responsable qu'à l'exécutif, et l'on s'aperçut, mais un peu tard, qu'il n'avait donné que la moitié d'un cautionnement. Chose admirable encore, c'est que la caisse militaire dont il avait aussi la clef, était parfaitement intacte; on craignait moins de jouer avec la fille qu'avec la mère.

Dans quelqu'embarras que cela mit momentannément la province, cet abus de confiance inqualifiable, cette honteuse dilapidation contribua à accélérer une réforme devenue d'une si urgente nécessité, et à faire éclater au grand jour la justice des représentations de la chambre contre l'irresponsabilité des officiers publics. Eh! bien, ce ne fut enfin qu'en 1831, que l'on reconnut d'une manière positive et certaine (tout en y apposant la condition d'une liste civile, à laquelle la chambre ne voulut pas accéder,) ce droit qu'en Angleterre, un roi ne se serait jamais avisé de contester aux communes. Ces difficultés financières ont agité l'esprit public pendant plus de vingt ans.

On peut se faire une idée de ce qu'eût été le régime colonial sans la représentation par les difficultés sans nombre que celui-ci eut à vaincre; par l'insolence sans bornes d'une basse oligarchie qui circonvenait les gouverneurs en arrivant dans le pays, et en faisait de dociles instruments de ses pervers desseins; le mépris que ces gens sans foi ni loi affectaient pour la population et la chambre du pays, et dont les gouvernements se sont maintes fois fait les organes dans des discours et des actes qui mettent à nu l'humiliante dépendance d'une colonie que peut outrager inpunément un homme souvent médiocre, un intrigant payé pour faire cette sale besogne, par ceux-là même qu'il foule aux pieds. En 1800, M. Milnes, en réponse à une adresse de la chambre au sujet des biens des Jésuites, lui répond en pédagogue, que sa majesté ayant en conseil privé décidé, de garder ces biens, la chambre examinera si une demande réitérée de sa part ne serait pas inconpatible avec le respect dû à sa majesté?.... En 1805, en réponse à une adresse pour augmenter le salaire du traducteur français, le gouverneur envoie une dissolution. En 1809, Craig casse le parlement pour sa persistance à exclure de la représentation le juge DeBonne, et dit aux représentants entr'autres honnêtetés : qu'ils ont perdu leur temps en de frivoles débats, et montré dans leurs procédés une indécente chaleur. Dans sa fameuse proclamation de 1810, s'adressant aux Canadiens ; rappellez-vous, leur dit-il, ce que vous étiez quand vous avez eu le bonheur de devenir sujets anglais ! Puis se défendant d'agir par ambition, il demande avec une ineffable vanité : Que pourriez vous donc me donner ? Le duc de Richmond, le lord Dalhousie, le lord Bathurst luttent d'insolence, les premiers dans un discours, l'autre dans ses dépêches où il engage le gouverneur à pousser une chambre contre l'autre, à jeter en travers le conseil législatif dont il parle comme d'un instrument tout à sa merci.

Voilà comment une impudente faction, se servant des gouverneurs comme un écran, respectait le pays et lui inspirait l'amour de la domination anglaise.

On avait donné aux Canadiens une constitution, mais on était faché qu'ils la prissent au sérieux, qu'ils en profitassent, on leur avait donné des droits, mais pour demeurer une lettre-morte ; et quelque part que la réforme veuille surgir, vite il faut la battre en brêche ; quelque part que la lumière se fasse, il faut la couvrir d'un ridicule éteignoir dont le conseil législatif fesait l'office.

Les juges siégeaient dans la chambre et dans les deux conseils ; quand les représentants voulurent, en 1809, exclure le juge DeBonne. Craig eut recours à une dissolution, qu'il répéta pour la même cause en 1810 ; démarche sur laquelle il dut revenir en 1811, où il fut forcé de sanctionner cette exclusion, réclamé dans tous les pays libres pour les justes alarmes de la conscience publique, qui tremble de voir appliquer la loi par l'homme, qui peut-être, comme législateur, l'a combattue, et de voir dans son juge un implacable ennemi qui peut se jouer de son honneur et de sa vie. Ce ne fut qu'en 1832, qu'ils furent exclus des deux conseils, sauf le juge en chef. La chambre les accusa inutilement un grand nombre de fois ; en vain elle signala la prévarication, la malhonnêteté, le parjure siégeant sur les bancs de la justice ; rarement sa voix fut entendue ; rarement le vœu de tout un peuple eut plus de poids dans la balance impériale que la voix de ces hommes appuyés de quelques intrigants, solidaires de leurs méfaits. Le juge en chef Sewell lut, en pleine cour à Québec, cette proclamation de Craig dont j'ai parlé, fesant ainsi son office de conseiller irresponsable jusque dans le temple de la justice dont il était le grand-prêtre et qu'il profanait. Aux réclamations de la chambre, on répondit quelquefois par un démenti sans l'avoir entendue, comme en 1815, pour les juge Sewell et Monk, et on finit par la référer aux conseil législatif, en 1818, c'est-à-dire jeter au feu les représentations, lancer l'insulte à la face de l'assemblée. Ces accusés étaient dans le conseil législatif; ils avaient la haute main sur lui, et c'était à eux-mêmes que l'on proposait d'être leurs propres juges. L'ironie assaisonnait l'injustice. En 1832, on parut enfin se rendre aux vœux de l'assemblée, parce qu'il était impossible de pallier les atrocités des accusations, et deux hommes, haut placé dans hiérarchie judiciaire, furent destitués: l'un d'eux a été depuis récompensé d'une manière plus éclatante que s'il eût été innocent.

L'éducation fut encore mise sous le boisseau et toujours par cette même oligarchie. On essaya en 1800, par l'Institution royal, fondé par une loi, espèce d'université dépendante du gouvernement, qui devait accaparer l'instruction et nommer tous les instituteurs, d'envelopper le pays dans un vaste réseau d'éducation protestante. Le premier bureau qui fut nommé, était presqu'exclusivement protestant, ayant en tête l'évêque protestant de Québec. On voit par une dépêche de lord Bathurst en 1816, que les biens des Jésuites, dont on n'accorda la disposition partielle à la chambre qu'en 1831, devaient être au service de cette institution. La trame fut déjouée par la vigilance et la fermeté du clergé surtout. En vain, le gouvernement nourrit, caressa, durant cinquante ans, l'espoir de parvenir à son but, il fallut enfin se résigner, après avoir par cette loi empêché l'établissement d'un système d'introduction convenable à la masse de la population. L'on avait refusé plusieurs fois à la chambre de lui permettre de disposer des revenus de ces biens pour l'éducation, et on les consacrait, on les destinait à protestantiser le pays. Au reste, c'est une de ces idées fixes des autorités coloniales, d'implanter ici le protestantisme ; idée qu'elles ont probablement abandonnée en désespoir de cause et de guerre lasses, mais que l'on voit se répéter, se manifester de fois à autres, sous diverses formes, dans le cours d'un demi-siècle.

Le solliciteur-général Wedderburne, dans un rapport au roi, du 6 décembre 1772, conseille d'ériger les cures un bénéfice auxquels le roi nommerait et qui seraient tenus sous la jusrisdiction des cours civiles, et de briser la hiérarchie en les enlevant à la jurisdiction d'un évêque, qui n'aurait aucune autre besogne que celle de conférer les ordres sacrés et recevrait un traitement au bon plaisir du roi. En 1800, vint l'Institution royal dont j'ai déja parlé. En 1805 et en 1811, on réclame auprès des évêques de Québec, d'abord Mgr. Denaut et ensuite Mgr. Plessis, le prétendu droit de nomination aux cures. On essaie de la séduction, des promesses, de l'argent, puis des menaces qui vinrent se briser contre la fermeté de ces prélats. Aussi tard qu'en 1824, on voit que lord Dalhousie, dans ses dépêches, appelle encore l'attention du bureau sur l'urgence de faire reconnaître la suprématie religieuse de sa majesté en Canada comme en Angleterre. Les dépêches du bureau colonial, dont beaucoup sont peu connues, et un grand nombre inédites, renferment, dit-on, des instructions précises à cet égard, adressées au gouverneur du pays.

Si l'on ne respectait pas la religion des colons, garantie par les traités et par des déclarations aussi spontannées en apparence et solennels qu'hypocrites, que devait-on respecter ? à quoi ne devait-on pas porter atteinte ? Aussi, toujours par suite de ce système, de cette idée fixe d'anglification ou d'annéantissement, eut-on grand soin d'empêcher les anciens habitants du pays de reculer et d'étendre leurs établissements, en leur fermant accès aux vastes terres vacantes de la couronne, qui demeurèrent un objet de spéculation pour l'oligarchie dont l'occulte domination écrasait le pays. On avait procédé au partage de ces terres, sans aucun scrupule, avec l'air de gens qui viennent prendre possession d'une succession, le testament à la main. On se partageait le pays comme une conquête : 10,000, 12,000, 60,000, 80,000 arpents de terre pouvaient à peine rassasier les moins affamés. Un gouverneur, M. Milnes, jugea à propos, pour donner le bon exemple et réprimer le pillage, de se contenter d'un modeste lot de 70,000 arpents. En vain, la chambre réclama contre ce criant abus, contre ces vols manifestes : les coupables avaient pour eux le jugs, le bureau colonial ; entre honnêtes gens on ne s'égorge pas.

Voilà déjà une énumération un peu longue, et pourtant ce n'est rien qu'un pâle reflet de ces temps ; ce n'est que la préface d'un ouvrage d'iniquités de plus en plus révoltantes. Mépris de la représentation, dilapidation des deniers publics, exclusion des Canadiens de tout avantage et de leur propre pays, administration de la justice devenue un jouet et une sanglante ironie ; un conseil législatif fesant l'office d'un carcan ; un receveur-général empochant avec une philosophie impudeur, un £100,000 des fonds de la province ; une oligarchie aussi vaniteuse qu'ignorante et nulle, conduisant en comité secret les affaires du pays.

On ne se fesait pas scrupule de mentir effrontément à la face de tout un peuple et de sa législature. Sir Franois Burton, pendant l'absence de lord Dalhousie, qui était allé faire un veyage en Angleterre, fit à la chambre en 1825 la même demande, relative aux subsides qu'avait faite Sherbrooke en 1818. Le bureau colonial probablement à l'instigation de Dalhousie, blâma cette démarche de Burton, par une dépêche du mois de juin. Burton partit pour l'Angleterre, pour aller s'y justifier ; et pendant sa traversée, arrivait une seconde dépêche écrite en septembre qui renfermait une apologie, et reconnaissait que sa conduite avait été constitutionelle. Dalhousie revint. En 1826, la chambre lui demande communication de ces dépêches ; il ne produit d'abord que la première, puis sur les instances de la chambre, la seconde mais tronquée, et en 1827, il va jusqu'à nier le contenu de cette dépêche qui justifiait Burton. Et la chambre lui ayant fait voir qu'elle connaissait la vérité, il la cassa. Voilà à quels bas expédients, à quelles impudentes manœuvres, pour maintenir des inconstutionalités, voilà a quoi fut réduit le réprésentant d'une des grandes puissances du monde, jusqu'ou il s'est laisser décheoir.

Pendant une longue période de temps, par ce système constant de l'arristocratie anglaise qui, quand elle se sentait pressée par le peuple, faisait surgir le spectre de la guerre avec les nations étrangères. Les gouverneurs coloniaux profitèrent de cette circonstance pour arracher à la chambre d'importantes concessions, telles que la suspension de l'*habeas corpus*, la loi contre les étrangers, la célèbre loi de préservation, et l'on tenta même de proclamer la loi martiale. Chaque discours des gouverneurs rappelait aux Canadiens avec une injurieuse obstination, qu'ils ne devaient pas laisser leur loyauté se refroidir, et ne tarissait pas d'insultes à la nation française et à son gouvernement, lesquelles étaient autant de coups sensibles portés aux souvenirs les plus chers, aux affections les plus fortes des Canadiens.

Personne plus que moi, ne déplore ces tristes divisions d'origines dans un pays où la Providence les a mêlées ensemble pour y vivre en frères, et où c'est un crime atroce de les pousser l'une contre l'autre pour s'entregorger ; mais la condition d'un accord sérieux, durable et cordial, c'est que chaque origine respecte les autres ; et il y aurait lâcheté, impiété, trahison, à ne pas énergiquement défendre sa nationalité quand elle est brutalement attaquée sans provocation.

Mais ce n'est pas tout encore ; la ruse, l'hypocrisie, marchaient lentement ; il fallut la force brutale ; il fallut les emprisonnements illégaux, les destitutions arbitraires, les embuches traitresses aux chef des Canadiens, et enfin du sang.

Le régime de terreur fut intronisé en 1810 par le gouverneur Craig dont la conduite pleine de violence et de contradictions a fait croire à quelques-uns qu'il n'était pas toujours *compos mentis*. M. Bédard, membre du parlement, et attaché au journal *Le Canadien* dont la publication était toute récente, et MM. Panet et Taschereau, M. P. P., un M. Corbeil, mort des suites de son incarcération, M. Lefrançois, éditeur du *Canadien*, et quelques autres furent arrêtés en vertu de l'acte appelé "Preservation law," passé pour la première fois en 1797, sous l'impression de l'horreur que causait alors au monde civilisé le déchaînement de toutes les passions en France. Cette loi permettait d'arrêter sous soupçon qui que ce fût, sans qu'il pût reclamer le privilége de l'*habeas corpus* ou d'un procès, en vertu d'un mandat décerné par trois conseillers exécutifs. Les presses du *Canadien* furent en même temps saisies ; les malles furent arrêtées, les postes doublés ; on essaya de faire croire à une conspiration, au milieu de la plus parfaite tranquillité, et Craig frappa ce coup d'épée dans l'eau, lança cette furibonde proclamation dont j'ai déjà cité quelques mots. Des agents du gouvernement furent envoyés à la frontière, et en même temps des lettres anonymes furent adressées à quelques chefs politiques, leur conseillant de fuir aux Etats-Unis, afin de les faire tomber entre les mains de la police au guet.

Plus tard, ce furent les destitutions qui se renouvelèrent plusieurs fois. Et tout cela se terminait toujours sans aucun résultat, sans que la loyauté des Canadiens en fut ébranlée ou leur courage abattu. Les prisonniers de 1810 furent relâchés sans procès, malgré que M. Bédard en particulier insistât pour qu'on lui fit le sien.

Tout cela est de l'histoire ; ce sont des faits qui se sont passés devant des témoins qui vivent encore, qui sont consignés dans les journaux des chambres, dans les dépêches, et dans ces rapports sur les grefs du pays, faits en Angleterre où la chambre des communes a reconnu en 1828, la justice de nos plaintes et combien de pareils abus étaient intolérables. Ils sont consignés dans des mémoires ennemis, dans le fameux rapport de lord Durham, de sinistre mémoire, le faux conciliateur. A l'heure où l'on essayait ainsi d'étouffer à son berceau l'opposition naissante et sa presse, leurs ennemis avaient toute liberté de les déchirer, de les noircir, de les représenter en Angleterre sous les couleurs les plus fausses et les plus ridicules.

La violence ne suffisait pas encore ; il eut fallu qu'elle durât toujours ; que la compression fut incessante, acharnée ; on l'avait essayée cent fois, sans succès ; on n'avait pas même pu réusir à provoquer des soulèvements qui eussent pallié le crime d'une exécution en masse, comme il est certain que des êtres diaboliques l'avaient rêvé et ont essayé de l'accomplir ; il fallait en finir d'un seul coup ; le bourreau se lasse quelquefois à frapper des victimes. Le moyen infaillible, croyait-on, pour y parvenir, c'était la réunion des deux provinces, à la séparation desquelles notre petite oligarchie s'était opposée dès 1791, s'étant fait représenter devant le parlement anglais par Adam Lymburner qui avait vivement et éloquemment plaidé une mauvaise cause.

Il semble, en examinant les faits, que l'Union fût bien réellement le fonds de toute cette intrigue, le fil qui dirigeait le gouvernement dans ce dédale d'illégalités, d'absurdités et de dénis de justice outrageants. Il semble en effet que l'on ait voulu tellement abreuver d'injures le peuple et ses représentants, combler à tel point la mesure des iniquités, qu'elle renversât; révolter la conscience publique jusqu'à ce qu'elle perdit le sang froid et l'équilibre. De temps à autre, et notamment en 1807, et en 1822, l'on sondait le terrain, l'on envoyait des espions dans le camp ennemi pour savoir si le temps était venu de l'attaquer. En 1828, une dernière tentative fut faite, et peu de temps après cette politique infernale avait triomphé.

On avait en effet tellement exaspéré les masses qu'il devenait désormais impossible de les contenir : alors par un raffinement de machiavélisme, on accorde coup sur coup les plus importantes réformes; quand on sent qu'il n'est plus temps, on se montre plein de bonne volonté, pour pouvoir accuser avec plus d'avantage et de bonne foi apparente l'agitation populaire devenue menaçante. On se hâte de venir étayer l'édifice juste à l'heure où l'on sait qu'il va s'écrouler et qu'il est trop tard. On administre à l'agonie du malade le remède qui devoit prévenir la maladie, et qui maintenant doit le tuer.

La mesure était comble en effet et elle renversa ; la colère longtemps concentrée de tout un peuple, se traduisit par la violence ; plus on avait amassé de matériaux pour l'incendie, plus il devait être ardent ; plus la compression avait duré, plus l'explosion de la conscience populaire devait être éclatante et terrible.

Ces lamentables évènements sont déjà loin de nous ; une grande partie des causes qui les ont entraînés, est disparue de notre sol. Mais il faut se reporter à ces temps, il y faut remonter pour apprécier justement et impartialement la politique de notre chambre. Il faut se représenter ces hommes honnêtes, loyaux et patriotes, à l'âme pure, à l'esprit élevé, au cœur plein d'amour pour leur pays. Comment l'indignation pourrait-elle n'en pas déborder ! Pourquoi, quand le crime et la honte s'affichaient avec tant de cynisme, vouloir que la vertu, la probité et le patriotisme restassent muets ou ne battissent que sur ces cordes monotones faites pour les cœurs froids. Comment après cela oser taxer d'étourderie, de légèreté, d'emportement imprudent, l'indignation d'hommes de bien qui sentaient partout le sol mouvant manquer sous les pas de leurs compatriotes, la honte, la ruine, l'anéantissement, s'avancer au pas de charge pour inonder leur infortunée patrie ?

Il faut reconnaître la vérité ; il faut respecter, honorer le courage et surtout le courage malheureux ; il y en a déjà beaucoup trop qui ne se prosternent que devant le soleil levant. Soit ignorance, soit préjugé, soit intérêt, il en est à qui ce spectacle magnifique fait pitié, qui regardent du haut de leur grandeur, cette phalange d'hommes distingués qui ont fait de notre ancienne chambre un des plus beaux corps délibérants du monde, auquel les étrangers ne refusaient pas le tribut de leur admiration, tandis qu'il en est parmi nous qui souillent, qui lacèrent ces belles pages de notre histoire, et jettent la boue à pleines mains aux héros qui l'ont honorée. Les Papineau, Bédard, Bourdages, Viger, Quesnel, Neilson, Tallières, Heney, Stuart, Cuvillier, Labrie, Morin, Lafontaine, Girouard, DeWitt, O'Callaghan, Cherrier, Leslie, Rodier, et autres encore, sont plus dignes d'admiration que de pitié et auraient fait honneur à tous les pays que la Providence aurait favorisés en leur accordant cet essaim d'hommes de génie et de talent.

Oui, il y a des Bas-Canadiens qui, sans rougir, denigrent leurs pays, défigurent la plus belle partie de son histoire, oubliant que c'est alors, sur leurs propres fronts, qu'ils impriment cette flétrissure; que les hommes d'un même pays sont solidaires, et partagent les hontes comme les gloires du sol; que c'est un crime devant Dieu et devant les hommes de traîner ses ancêtres dans la boue, quand surtout c'est dans un mesquin et faux intérêt de parti.

—Ils ne faisaient pas de chemins de fer, s'écrient ces hommes, donc ils ne faisaient rien. Voilà qui est clair et logique. C'est un de ces arguments à empailler et à embaumer pour l'édification de nos derniers neveux.

L'économie de la Providence veut que chaque génération fasse son œuvre. Ce n'est pas celui qui sème qui récolte. Le père abat les arbres de la forêt, il défriche cette terre qui donnera au fils d'abondantes moissons. Pour construire un édifice, il faut d'abord jeter les fondations, et avant d'y mettre les ornements de luxe, il faut en édifier les quatres murs. Nous avons appris cela avant d'apprendre que deux et deux font quatre ; mais il y a des petits enfants qui en peuvent remonter aux grands enfants.

L'ancienne chambre avait donc pour mission toute naturelle de constituer un gouvernement, d'en faire reconnaître les bases et les principes, sans lesquels l'industrie ne se développe nulle part, et par suite, le progrès matériel est impossible. La tâche que j'ai sommairement indiquée était faite pour de robustes épaules, et elle leur suffisait. Ce n'était pas encore le temps de ces immenses travaux qui aujourd'hui enlèvent les imaginations, surprennent les esprits les plus fermes, donnent le vertige aux plus fortes têtes ! Leur reprocher de n'avoir pas fait toutes les améliorations matérielles possibles, c'est reprocher à l'antiquité de n'avoir inventé ni la poudre, ni la presse et mettre pour ce délit toutes ses gloires au néant ; c'est un anachorisme qui rappelle cet élève ingénu qui faisait combattre les Horaces et les Curiaces, armés de carabines, ou encore cette bonne vieille Française devant qui on parlait des Anglais : Peste ! est-ce bête, est-ce absurde un peu un Anglais, dit-elle, ça ne sait seulement pas le français !...

Le temps n'était pas arrivé, le vent ne soufflait pas dans cette direction ; mais il y a plus, c'eût été parfaitement inutile de le tenter. Toute entreprise publique dirigée par le gouvernement est un danger, et si c'est un danger dans un état régulièrement organisé, où les ministres sont responsables ou censés tels, qu'est-ce donc dans un état colonial où le receveur-général fait si bon marché de la foi publique.

Au reste, ce serait une grave erreur de croire qu'elle n'a rien fait en ce genre. Elle a ouvert les canaux de Lachine et de Chambly, établi la maison de Trinité, amélioré la navigation intérieure, amélioré les communications et les voies rurales dans le pays et avec l'étranger, fait connaître les ressources du pays par des explorations savamment conduites, et entr'autres celle du Saguenay. Quand cela a été en son pouvoir, elle a magnifiquement doté l'éducation de sommes presqu'aussi considérables que celles qui y sont actuellement affectées, si l'on a égard à la différence de population. Libérale envers les inventions scientifiques et utiles, envers les ouvrages pratiques, elle leur donne un efficace encouragement. Toutes les infortunes que la Providence a chargé la charité humaine de soulager, ont un puissant et touchant écho dans ces nobles cœurs qui n'épargnent pas l'argent pour tous les objets de charité. Elle s'applique à réformer le système pénitencier, d'accord avec les principes plus humains et plus chrétiens qui ont enfin prévalu de notre temps, en substituant l'amendement du coupable à la cruelle vengeance de la société. Il suffit de parcourir ses journaux et ses volumineux statuts, pour voir avec quelle sollicitude elle veillait aux moindres nécessités publiques, et que les grandes questions de principes, les grands intérêts toujours en souffrance, toujours militants, ne lui fesaient pas perdre de vue les moindres détails de l'administration.

Sa législation surtout a une indéniable supériorité, à tel point que pendant que l'on amende chaque année les amendements faits à d'autres lois amendées toutes récentes, on a généralement respecté ces anciennes lois qui se distinguent par leur clarté, leur utilité et leur caractère pratique. Il serait difficile de signaler dans sa législation d'importantes lacunes, eu égard aux besoins du temps et de mettre sa prévoyance en défaut.

Ils ne faisaient pas de chemins de fer, mais ils leur préparaient la voie, en obtenant le contrôle exclusif et absolu de ces deniers publics dont on se sert aujourd'hui pour ces entreprises ; en assurant une protection efficace aux capitaux par une législature et des tribunaux indépendants et une sûre comptabilité publique.

Qu'elle soit qnelquesfois tombée dans l'erreur, qu'elle se soit méprisée, le nier, ce serait nier cette faillibilité humaine dont chaque jour fait une triste expérience ; mais la nomenclature de ces erreurs ne serait pas longue, et elles sont amplement rachetées par ses immenses services et expliquées toujours et souvent justifiées tout naturellement par un examen impartial des faits. Elle sont rachetées par quelque chose encore qu'il ne faut pas oublier, la gloire qui a rejailli sur notre pays, et qui a fixé l'attention du monde civilisé tout entier sur cette colonie, aux infortunes de laquelle il s'est interessé, et dont les sympathies nous ont été acquises, emportées d'assaut par les magnifiques talents oratoirs qui se sont dévoilés et développés ici et en Angleterre, et dont tous les pays se seraient glorifiés.

Elles sont rachetées encore par ces nobles inspirations qui la dirigeaient et qui lui fesaient pour ainsi dire devancer son siècle en secouant les langes des vieilles idées illibérales, inhumaines et liberticides. C'est ainsi qu'elle décréta en 1831 l'émancipation des Juifs, pendant qu'en Angleterre, le puissant Rostchild dont toutes les puissances européennes sont tributaires, vingt-un ans plus tard, frappe encore en vain à la porte des communes d'Angleterre qui lui en refusent obstinément l'entrée.

J'ai rencontré parfois des vieillards, adonnés au commerce depuis leur enfance, qui tenaient pour stupide à première vue et pour toujours, quiconque ne leur aurait pas dit, sans hésiter, combien font 26 et 47 réunis ensemble. Tels sont les contempteurs du passé politique de notre pays. Ils ont la tête sillonnée de canaux et de chemins de fer, farcie de lisses, de locomotives, de gares, etc.; ils en sont malades : le jour, la nuit, ils ne rêvent qu'à cela ; annoncez-leur un chemin de fer qui traversera l'Atlantique et nous réunira à l'Angleterre, ils battront des mains ; dites-leur que c'est notre intérêt de nous ruiner pour faire ce chemin, et ils en deviendront fous de bonheur.

Certes, le progrès matériel est désirable, mais on doit se rappeler qu'il n'est pas seul au monde ; qu'il ne peut être que le résultat d'autres progrès, intellectuel et moral ; il faut que ces progrès s'équilibrent, sans quoi il y a danger pour la société.

N'y a-t-il pas aujourd'hui une préoccupation exclusive pour les intérêts matériels? Tout le reste n'est-il pas compté pour rien? Quand on parle de liberté politique, de droits, de corruption, d'irresponsabilité, que de gens lèvent les épaules de pitié, se disant : ces pauvres malheureux n'ont que des théories, des idées nuageuses, ce n'est pas pratique. Tel est le déplorable langage que l'oubli des principes fait bien souvent tenir à ceux à qui les intérêts matériels ont fait perdre de vue tous les autres.

Notre ancienne chambre a pu se tromper, elle a dû même se tromper, parce que les corps, pas plus que les individus, ne sont à l'abri des surprises, surtout au sein d'une lutte longue, ardente, acharnée, où il fallait combattre souvent le mensonge et la déloyauté ; mais il n'a jamais mérité le reproche d'avoir laissé mourir ou d'avoir tué l'opinion publique ; d'avoir mis l'amour des places au rang des vertus théologales ; d'avoir amoindri, rétrici, rapetissé le dévouement et le patriotisme, jusqu'à lui assigner pour limites fatales et pour récompense, de subalternes emplois.

Alors, il y aurait une opinion publique forte et éclairée, et l'on savait à quoi s'en tenir, l'on ne suivait pas *per nefas et nefas* une chambre qui suit nos ministres, qui suivent le gouverneur, qui suit le bureau colonial, qui suit le méridien de Greewich.

Aujourd'hui on est plus pratique ; on a peu souci des millions, mais gare aux descendants qui ne pourront pas être aussi prodigues ; il se fait beaucoup plus d'affaires financières, et aussi beaucoup plus d'agiotage ; on est moins fier, moins grand, moins spéculatif qu'autrefois, mais on se vend à bien meilleur marché. Ayez d'abord un bon gouvernement, le reste viendra par surcroit : telle paraît avoir été la pensée dominante des chefs politiques du temps, fondée sur l'expérience des siècles, qu'il fallait d'abord la vitalité de ces principes avant de faire quelque amélioration semblable, comme il faut jeter les fondations d'une maison avant d'en édifier les murs.

La chambre semait un germe de bien ; l'oligarchie l'arrachait comme un oiseau de proie ; la chambre recommençait à semer, et la même opération devait toujours recommencer ; accusera-t-on le cultivateur de récolter bien tard ou de ne pas récolter parce que les oiseaux du ciel ont dévoré l'espoir de sa moisson ? De quelque côté qu'elle se tournât elle n'appercevait que des ennemis : soit du bureau colonial, soit du gouvernement et de son entourage, soit du conseil législatif, partout la haine, partout le mépris superbe, se dressaient autour d'elle comme des spectres pour lui faire horreur. Toujours sur le qui-vive, toujours au guet, elle n'était jamais certaine que quand on lui faisait une offre, ce ne fût pas un piége ; que quand on lui faisait tendre la main, ce ne fût pas pour la lui couper.

En vain, elle voulut réclamer directement en Angleterre, en appeler à l'honneur et à l'humanité du peuple anglais et de son parlement ; tous les abords étaient assiégés par ses ennemis ; toutes les voies étaient fermées ; le conseil législatif, le gouverneur et ses conseillers paralysaient les volontés de la représentation qui ne parvint qu'en 1823, à envoyer en Angleterre MM. Papineau et Neilson, comme délégués provinciaux, plus tard MM. Viger, Neilson et Cuvilier ; et ce n'est aussi que depuis lors, que l'intervention du parlement impérial modifie quelque peu la politique des autorités coloniales.

Je viens de jeter un rapide coup-d'œil sur notre histoire parlementaire si souvent calomniée. Est-il étonnant avec cela que les passions n'aient pas toujours été contenues dans de justes limites ; est-il étonnant que les victimes aient crié au moins aussi fort que leur bourreau ? D'un bout à l'autre de cette chaîne d'évènements, de 1808 à 1837, on voit le travail constant, acharné, parfois secret, séducteur, parfois ouvert et violent, travail de dénationalisation. L'idée fixe est de changer brutalement tout un peuple, et pour cela on s'attaque à ses lois, à sa langue, à sa religion, on lui fait avaler l'humiliation comme l'eau. On a soin de lui rappeler qu'il a été vaincu et conquis ; que ce n'est que par une tolérance dont il doit rendre de très grandes actions de grâces, qu'on supporte l'usage de sa langue, la pratique de sa religion et sa propre existence. Partout et toujours, on lui met sous les yeux son infériorité de colon et son infériorité de Canadien ; on le provoque en lui refusant les plus justes réformes, en nullifiant sa représentation, en usant même de violence ; on le provoque jusqu'à ce que sa longanimité soit à bout pour pouvoir l'écraser une fois pour toujours. Quels hommes ont été l'âme de cette infernale politique, l'ont inspirée et maintenue, les mêmes, ou des hommes de même trempe que ceux qui ont enchaîné la Pologne à la Russie, la Hongrie à l'Autriche, et l'Irlande à l'Angleterre ; les mêmes hommes dont l'abjecte mission en ce monde semble être de semer l'esclavage sur leurs pas, d'étouffer les précieuses semences de la liberté partout où elles percent le sol, et de tenir sur le monde entier, par le poids des chaînes, le vaste et froid linceuil du despotisme ; les mêmes hommes qui semblent se délecter à entendre les gémissements, faire leur délices des souffrances d'un peuple et s'énivrer de ses douleurs ; des hommes pétris de fiel et d'infamie, dont le cœur est un problème et l'âme une charade.

Tels étaient ces hommes ; il en existe encore qui conservent cet espoir au fond de leurs cœurs, comme des bêtes féroces conservent les ossements de leurs victimes au fond des cavernes.

Je termine, avec l'espoir que les jeunes gens surtout qui m'ont écouté, y puiseront le désir de s'assurer par eux-mêmes de ces faits, de s'instruire de cette histoire et de réhabiliter peut-être dans leurs esprits trompé, cette glorieuse époque que l'erreur et le mensonge peuvent insulter, mais jamais ternir. Il faut bien comprendre que, quelques soient les opinions sur le régime actuel, elles ne peuvent justifier d'injustes attaques contre le passé. Sans examiner le présent, il est clair que la situation est bien changée et que, pour parvenir au même but, les moyens sont très différents. La récrimation contre le présent n'entre donc pour le moment pas plus dans ma pensée que dans mon sujet, et j'ai toujours cru et je crois encore que l'on peut glorifier les hommes du passé sans ravaler ceux d'aujourd'hui ; que l'on peut bénir les premiers sans maudire les seconds.

INSTITUT-CANADIEN.

NEUVIEME RAPPORT ANNUEL DU COMITE DE L'INSTITUT-CANADIEN.

Aux membres de l'Institut.

Messieurs,—L'Institut-Canadien existe depuis neuf ans. Chaque année votre comité de régie a eu la satisfaction de constater les progrès toujours croissants de notre société et de l'éducation de ses membres. Cette année, votre comité ne pourrait que répéter ce qui vous a été dit : l'année qui vient de s'écouler n'a pas été moins féconde en résultats que les années précédentes.

Cet anniversaire est un jour de fête, où nous n'avons qu'à nous féliciter des heureux résultats de notre commune association. L'Institut remplit dignement sa mission, poursuit avec énergie son but, donne à tous ses membres les avantages de se faire une bonne éducation sociale, morale et politique. Les uns, comme on l'a dit si judicieusement dans le dernier rapport annuel, peuvent continuer une éducation déjà commencée, et les autres se faire eux-mêmes une éducation première par les rapports constants qu'ils ont avec les premiers. Entrez dans nos salles, examinez la magnifique bibliothèque qui s'y trouve, parcourez le grand nombre de journaux qui sont sur les tables, et vous verrez que tous ont là les moyens de s'instruire et de puiser les sentiments d'honneur et de vertu propres à faire d'eux des hommes honorables dans leurs rapports avec leurs semblables.

L'Institut se compose de toutes les classes de la société ; fondé d'abord uniquement par des jeunes gens, il compte aujourd'hui, au nombre de ses membres, des hommes âgés et de toutes les conditions sociciales. Tous sont sur un pied d'égalité, comme membres : chacun, dans les séances régulières, peut prendre part aux délibérations, soit au moyen de la discussion où en donnant librement sa voix pour ou contre toute question qui est discutée.

L'Institut est une école d'enseignement pratique et mutuel, où chaque membre de notre société peut aller puiser, dans les journaux, les connaissances industrielles politiques, qui lui sont nécessaires ; dans la bibliothèque, celles de l'histoire, de la littérature, de la philosophie, de l'économie politique, des arts et métiers, des sciences physiques et naturelles, etc ; dans la discussion, la conduite du citoyen qui délibère avec dignité sur toutes les grandes questions d'intérêt social publics et privé.

L'Institut a continué à recevoir les gratifications de plusieurs de nos compatriotes et d'étrangers. Votre comité mentionnera ici celle de L. P. Boivin, écr., qui a mis à notre disposition une médaille pour le prix d'un essai. Un seul essai a été reçu, et remis aux juges du concours par votre comité.

Le secrétaire-correspondant va vous donner lecture du rapport des juges nommés pour examiner les essais et accorder le prix offert pour le couronnement de celui qui en serait jugé digne.

De plus, c'est avec satisfaction que nous constatons, dans ce rapport, l'existence légale qu'a reçu l'Institut-Canadien par l'acte d'incorporation que la législature provinciale lui a accordé dans ce parlement, pour lequel nous réitérons toute notre reconnaissance à qui de droit, et en particulier à F. H. Jobin, écr., M. P. P. pour le comté de Berthier, et à l'hon. Wm. Badgley, écr., M. P. P. pour la cité de Montréal.

TRAVAUX DE L'INSTITUT.

Quarante-trois séances ont eu lieu durant l'année ; dix-sept questions importantes soit de législation, d'histoire, de philosophie, d'économie politique ou d'éducation industrielle, ont été discutées avec calme et dignité. La plupart de ces séances ont été honorées de la présence d'un nombre assez considérable de nos compatriotes de la campagne, qui ont pu juger, par l'intérêt des discussions, la vue de notre nombreuse bibliothèque et de nos journaux, des moyens d'instruction qu'offrent à une jeunesse active et studieuse les associations comme celle à laquelle nous nous honorons d'appartenir. Quand toute la jeunesse de Montréal, la jeunesse ouvrière comme celle qui est engagée dans le commerce et les professions, saura qu'elle peut venir, tous les jeudis soirs, prendre *gratis* sa part des avantages qui résultent de ces discusssions, nous pourrons dire que l'instruction et la science seront appréciées de manière à rendre notre population non seulement l'égale, mais peut-être la devancière des populations étrangères qui nous entourent.

LECTURES PUBLIQUES.

Six lectures publiques ont été faites devant l'Institut et le public : par Charles Laberge, M. Bibaud, H. de Caussin, Louis Ricard, L. A. Dessaulles et J. Doutre, écrs. Votre comité a la satisfaction de vous annoncer que plusieurs personnes ont promis de faire des lectures durant l'hiver ; que rien ne sera négligé pour vous assurer et au public plusieurs de ces lectures toujours si propres à délasser l'esprit et le corps des fatigues de la journée.

BIBLIOTHEQUE ET CHAMBRE DE LECTURE.

Le 17 décembre dernier, l'Institut possédait 1962 volumes ; dans le courant de l'année il en a acheté 108, et 631 volumes lui ont été donnés.

Le nombre totale de volumes dont se compose actuellement la bibliothèque est de 2701.—Ce qui fait une augmentation 739 volumes pour cette année, et 277 de plus que l'année précédente. En constatant ces beaux résultats, nous saisissons cette occasion pour vous dire que l'Institut recevra au printemps une très belle collection d'ouvrages *sur les arts et métiers* et dont la demande a été faite spécialement pour les ouvriers qui appartiennent à notre corps.

L'Institut a acheté deux magnifiques cartes de géographie : l'une de l'Amérique du Nord, par Jacob Monk, et l'autre du Canada, par M. Bouchette. Il a fait aussi l'acquisition du portrait de Washington.

MM. M. S. Martin et G. N. Gosselin ont donné à l'Institut, le premier le portrait de Benjamin Franklin, le second celui du Dr. W. Nelson. Un ami de l'Institut a fait don du portrait de E. R. Fabre, écr., et nous devons encore à la générosité de plusieurs amis de l'Institut le portrait *daguerréotypé* de Gabriel Franchère, écr., de New-York, qui fut présenté par M. F. N. Gosselin, et accueilli avec une chaleureuse démonstration de joie par une nombreuse réunion de membres.

L'Institut réitère l'expression de sa gratitude pour la générosité dont il a été l'objet.

Selon le rapport des bibliothécaires, la circulation des livres de l'Institut a été durant l'année de 3,060 volumes par mois.

Le nombre de journaux reçus dans les salles de l'Institut, l'année dernière, était de 48, et cette année il est de 66, ce qui fait une augmentation de 18. Sur ce nombre de journaux et revues exposés dans nos salles, l'Institut souscrit à 26, et huit sont dus à la libéralité de leurs propriétaires-éditeurs. Ce sont : Le *Pays*, la *Minerve*, le *Semeur Canadien*, la *Ruche Littéraire*, le *Pilot*, le *Witnesss*, le *True Witness* et le *Medical Chronicle*.

Nous devons 24 journaux à la bienveillance des propriétaires du *Pays*. MM. N. Cyr, Ls. Bétournay et quelques amis de l'Institut en fournissent 8. De ce nombre 38 sont publiés dans les diverses localités du Canada, 24 aux Etats-Unis et 4 en Europe.

Cette augmentation considérable de livres et de journaux prouve, comme l'ont dit les bibliothécaires dans leur rapport semestriel, un *progrès non interrompu du désir de s'instruire et d'utiliser les différentes ressources mises à la disposition des membres de l'Institut.*

LES MEMBRES.

Tel qu'il appert par le rapport du trésorier, le 17

décembre dernier, l'Institut se composait de 418 membres actifs. Cette année il compte 499, ce qui fait une augmentation de 81.

C'est avec douleur que nous consignons ici la perte de trois membres de l'Institut décédés durant l'année. Ce sont MM. J. G. DeMontigny et A. E. J. Labrosse. M. Arthur DeBelive est mort ce matin.

26 membres ont été rayés de la liste des membres de l'Institut, et 8 ont donné leur résignation.

FINANCES.

Les recettes de l'Institut se sont élevées au montant de £237 8 3 courant, pour cette année, et les dépenses à £182 16 9, ce qui laisse une balance en caisse de £54 11 6 en dépôt à la Banque d'Epargne.

Tel est, messieurs, en résumé, les travaux de l'Institut, l'état de sa bibliothèque, de la chambre de lecture et de ses finances : état assez prospère et qui doit nous engager à redoubler d'efforts pour poursuivre avec zèle et persévérance le but pour lequel l'Institut-Canadien a été fondé.

J. EMERY CODERRE,
Président.

Montréal, 17 décembre 1853.

INSTITUT-CANADIEN.

DIXIÈME RAPPORT ANNUEL DU COMITÉ DE RÉGIE DE L'INSTITUT-CANADIEN.

Aux Membres de l'Institut.

A peine dix ans se sont-ils écoulés depuis que quelques jeunes gens loborieux ont conçu et réalisé la fondation de l'Institut-Canadien, et déjà cette association compte plus de 600 membres; déjà elle occupe le premier rang parmi les institutions du même genre qui, en Amérique, ont pris à tâche de cultiver la plus belle des langues modernes, la langue française; déjà encore par suite de l'admirable activité de l'un de ses membres, l'Institut-Canadien a attiré l'attention du grand et scientifique Institut de France; déjà on peut constater que, grâce aux travaux de l'Institut-Canadien, la plupart de nos compatriotes ont été tenus au courant de toutes les grandes découvertes mécaniques, scientifiques ou littéraires opérées en Europe et en Amérique, et ne sont pas restés étrangers aux grandes questions qui occupent nos sociétés modernes.

Il suffit d'en appeler au public et aux jeunes hommes qui en ont profité largement pour compléter leur éducation, quelquefois à peine ébauchée.

Interrogez nos jeunes avocats, demandez-leur où ils se sont préparés aux discussions de la tribune ou du Barreau; questionnez nos jeunes littérateurs, demandez-leur où ils ont appris à épeler, à parler la douce langue des muses ; approchez-vous de nos insdustriels, demandez-leur où ils ont acquis leurs capacités pratiques ; demandez aussi à ceux qui vous entretiendront des chef-d'œuvres artistiques du vieux monde, qui les a initiés a la vie et aux travaux des célébrités contemporaines,—et tous vous répèteront que c'est dans l'Institut-Canadien qu'ils ont puisé la plus grande partie de ces connaissances qui font le bonheur de l'individu en lui ouvrant les portes de la fortune et de la renommée. Ils vous répondront que ce sont ses séances hebdomadaires qui leurs ont enseigné le pouvoir et les ressources de l'éloquence, sa bibliothèque qui leur a fourni et les fruits savoureux de la science, et les fleurs parfumées de la poésie, et les brillantes corolles du langage élégant. C'est donc l'Institut-Canadien qui a le plus contribué à la diffusion générale de l'instruction pratique de notre jeunesse. Honneur donc à l'Institut-Canadien qui en dix ans a produit tant de bienfaits. Honneur à ceux qui l'ont placé, éclatante couronne, au front de notre pays, et puissions-nous chaque année, en célébrant pareil anniversaire, signaler à tous ses progrès aussi rapides que ceux que nous avons faits depuis le 17 décembre 1853.

Nous avons eu cette année la visite de deux personnes étrangères au Canada, qui ont laissé un vif souvenir dans l'esprit de tous les membres de l'Institut. La première, Mme Manoël de Grandfort, est venue dévoiler devant nous un cœur de femme admirable s'alliant à un esprit brillant et cultivé, dans trois lectures qu'elles fit devant l'Institut, le 30 mai, le 1er et le 20 juin. Chacun a gardé la mémoire des paroles éloquentes de cette femme à l'âme élevée, qui a fait une sensation profonde dans tout le public ; et l'Institut peut être fier d'avoir pu lui être utile en lui facilitant les moyens de ce faire connaître et admirer des citoyens de Montréal.—Mme de Grandfort a été admise membre correspondant de l'Institut, et le Comité espère qu'elle le favorisera de quelques correspondances, ainsi qu'elle l'a promis, malgré la distance qui la sépare de lui.

Le second de ces personnages possède un haut caractère littéraire et une réputation de publiciste assise sur une base aussi solide que durable.
—M. Paul Arpin nous donna deux lectures, le 19 et le 22 septembre, sur des sujets littéraires d'un puissant intérêt ; et le talent de cet écrivain et sa qualité d'étranger, impose au Comité la douce obligation de lui accorder une mention particulière. Espérons que l'Institut continuera à recevoir d'une manière digne de lui les littérateurs distingués qui visiteront notre ville, et que cet agréable devoir lui sera souvent dévolu.

L'Institut continue à recevoir les gratifications de nos compatriotes et de l'étranger.

Votre Comité a le plaisir de vous rappeler que M. L. P. Boivin a encore mis a votre disposition une médaille d'argent pour le prix d'un essai dont le concours est annoncé pour le 15 de février prochain.

L'Institut-Canadien, ayant été incorporé dans le cours de l'année dernière, s'est empressé d'acquérir une bâtisse suffisante pour ses diverses réunions et excices.

La bâtisse que nous occupons actuellement a été acquise moyennant £2,000, payables par termes.

Les réparations et l'ameublement de cette bâtisse ont coûté £250 2s. 9d. Cette bâtisse se trouve assurée contre les accidents du feu pour £1,000 ; et la bibliothèque pour £450.

Les souscriptions volontaires des membres s'élèvent à près de £1,000, et un grand nombre de citoyens de toutes les origines ont souscrit largement. Sur une requête de l'Institut, exposant sa position et ses besoins, la législature, dans sa sagesse, a cru devoir accorder £50, c'est-à-dire le *minimum* de semblables allocations législatives.

Votre Comité se flatte que la rentrée des souscriptions ne se fera pas attendre, et qu'elles seront remises avec la même spontanéité que celle que l'on a apportée à s'y engager.

Nous devons réitérer notre reconnaissance aux membres de la législature qui ont envoyé fréquemment à nos salles un nombre considérable des documents parlementaires de la présente session du parlement provincial, et entre autres à MM. A. A. Dorion, Chs. Daoust et Chs. Laberge.

TRAVAUX DE L'INSTITUT.

Quarante-sept séances ont eu lieu durant l'année. Vingt-deux questions importantes de législation, d'histoire, de philosophie, d'économie politique, d'agriculture, d'éducation pratique et industrielle, ont été discutées et approfondies.—8 essais et deux lectures ont été lus durant les séances ordinaires comme suit : Essais, M. Chevalier 2 ; M. Blanchet

2 ; M. Cyr 3 ; M. Smith 1 ; et 2 lectures par Joseph Doutre, écr.

Votre Comité a le plaisir de constater que M. Chevalier a ouvert sous la sanction de l'Institut, depuis quelques mois, un cours d'histoire et de littérature qui fait le plus grand honneur à son auteur, qui a su prendre l'initiative d'une mesure depuis longtemps désirée, et à l'Institut, dont les membres y sont admis *gratis*.

L'ouverture de ce Cours est d'une grande portée pour tous ceux qui désirent étudier et approfondir l'histoire et la littérature française.

L'établissement d'un Musée dans les salles de l'Institut, a été proposé et est en voie d'exécution, et un tel Musée s'augmentera rapidement par l'acquisition d'objets rares ou précieux que M. Barthe s'attend à recevoir à Paris, tant du Musée Impérial de France que d'un certain nombre de hauts personnages qui lui en ont fait promesse. Les membres et les amis de l'Institut qui voudraient concourir à la formation de ce Musée peuvent envoyer les objets au Comité, qui les recevra avec reconnaissance.

Huit lectures publiques ont été faites devant l'Institut et le public : 3 par Mme de Grandfort, 2 par M. Arpin, 1 par M. Latte, 1 par M. le Dr. Bibaud, et 1 par M. Chs. Daoust.

Votre Comité a la satisfaction de vous annoncer que plusieurs personnes ont promis de faire des lectures durant cet hiver.

BIBLIOTHÈQUE.

Elle se compose de 3,177 volumes et de plus

de 200 brochures, ce qui fait une augmentation sur l'année dernière de 476 volumes dont 150 ont été obtenus par des démarches du nouveau Comité.

Votre Comité a le plaisir de vous apprendre qu'il attend prochainement de Paris, environ 200 volumes dont l'Institut de France lui a fait don par l'entremise de M. Barthe, qui, par la sollicitude constante qu'il porte aux intérêts de l'Institut avec les vues les plus élevées, s'est attiré les sentiments de gratitude de tous les membres de l'Institut-Canadien. Pour témoigner sa reconnaissance envers l'Institut Impérial de France, Votre Comité a envoyé à M. Barthe, pour en faire don au nom de l'Institut-Canadien aux différentes Académies, cinq exemplaires des ouvrages suivants: l'*Histoire du Canada*, par M. F. X. Garneau ; le *Repertoire National*, par J. Huston ; les *Sagamos Illustres*, par M. Max. Bibaud ; la *Logique Judiciaire*, par le même. Votre comité espère que ces ouvrages seront reçus avec bienveillance et vus avec intérêt par les membres de l'Institut Impérial.

Sur ces différents vols. MM. Garneau et Bibaud ont généreusement fait don de leurs œuvres. Votre Comité ayant reçu un nouveau don des œuvres de M. Pierre Bibaud, espère pouvoir en faire bientôt un nouvel envoi en France, en les accompagnant des *Lectures sur l'Annexion du Canada aux Etats-Unis*, par L. A. Dessaulles' écr.

L'Institut s'est procuré, comme il vous l'avait été annoncé dans le rapport du Comité de l'année dernière, une très belle collection d'ouvrages sur les arts et métiers.

Selon le rapport des bibliothécaires, la circulation des livres de l'Institut a été de 3,635 volumes, jusqu'au premier novembre. Depuis ce temps, il est sorti 540 vols. de la bibliothèque, faisant une circulation totale de 4,175 durant l'année.

Le déménagement de la bibliothèque a dû nécessairement ralentir la circulation mais on voit qu'elle a pris un nouvel essor depuis que la saison d'hiver a commencée, et Votre Comité a l'espérance qu'elle ira constamment en augmentant.

Le nombre de journaux reçus dans les salles de l'Institut est de 83 ; l'année dernière il était de 66 —ce qui fait une augmentation de 17.

Sur ce nombre de journaux et revues exposés dans nos Salles, l'Institut souscrit à 29, et 14 sont dus à la générosité de leurs propriétaires éditeurs, savoir ; le *Pays*, la *Ruche Littéraire*, la *Patrie*, les *Debats*, l'*Écho des Campagnes*, le *Semeur Canadien*, le *Courrier de St. Hyacinthe*, le *Pilot*, le *Witness*, le *Law Reporter*, le *Morning Herald*, le *True Witness*, le *Médical Chronicle*, le *Cultivateur Indépendant*. Nous devons 33 journaux à la bienveillance des propriétaires du journal le *Pays*. MM. L. J. A. Papineau, Louis Bétournay, DeMontigny, Cyr, et quelques amis de l'Institut en fournissent aussi plusieurs.

De ce nombre total de journaux ainsi reçus, 52 sont publiés dans les diverses localités du Canada, 25 aux Etats-Unis et 5 en Europe.

Beaucoup de ces journaux sont reliés à l'expiration de chaque année et formeront dans la suite des temps un précieux répertoire aux recherches de l'histoire et aux études du philosophe. Nous devons la parfaite conservation de ces journaux à M.

Martin, notre estimable gardien, dont la main habile rend de grands services dans une infinité de circonstances.

LES MEMBRES.

Par le rapport du Trésorier il appert que l'Institut se compose actuellement de 629 membres actifs, indépendamment des membres correspondants. 165 nouveaux membres ont été reçus dans le cours de cette année, et plusieurs ont été rayés de la liste des membres ou ont résigné pour cause d'absence.

C'est avec douleur que nous avons à enregistrer la perte de plusieurs membres décédés durant l'année, et entre autres : E. R. Fabre, écr., dont la mémoire ne se perdra jamais ; et MM. F. M. Bélinge, Charles Lamontagne, Charles Lauzon, James Huston, Z. Magnan, et E. B. Noxon.

FINANCES.

Les recettes ont atteint la somme de £938 6s. 1d pour l'année qui vient de s'écouler, et les dépenses ont été de £891 4s. 2½d. laissant une balance de £49 1s 10½d en dépôt à la Banque d'Epargnes.

Le montant des souscriptions pour les monuments aux victimes de 1837 et 1838 est ainsi donné par le Trésorier, R. Trudeau, écr.

Du mois de juin 1853 à janvier 1854.

Sommes souscrites..................	£68	15	6
Actuellement perçus et déposés à la Banque à 4 p. c...............	47	10	0
Balance due sur les souscriptions....	£21	5	6

Ainsi, Messieurs, la position actuelle de l'Institut-Canadien sous le rapport des ressources mises à la disposition de ses membres pour leur instruction mutuelle, et l'état satisfaisant de ses finances, nous révèlent un progrès continu et nous donnent l'occasion d'envisager avec satisfaction la belle carrière que l'Institut-Canadien est appelé à fournir.

P. R. LaFrenaie,
Président.

Montréal, 18 décembre 1854.

INSTITUT-CANADIEN.

LECTURE PUBLIQUE

A L'OCCASION DU DIXEME ANNIVERSAIRE DE LA FONDATION DE L'INSTITUT-CANADIEN, FAITE PAR P. R. LAFRENAYE, ÉCR., A MONTREAL, LE 17 DÉCEMBRE 1854.

Messieurs de l'Institut,

    Mesdames et messieurs,

L'Institut-Canadien de Montréal, dont l'existence remonte au 17 décembre 1844, vient d'atteindre le dixième anniversaire de sa fondation.

Fidèle à ses traditions, il s'empresse de célébrer cette date en convoquant dans son enceinte tous ceux qui s'intéressent au progrès des sciences, tous ceux qui désirent voir l'instruction se répendre, tous ceux qui aiment à inspirer l'amour de l'étude à la jeunesse et à encourager ces travaux de leurs regards et de leurs sourires.

Cette institution, fondée à une époque où une association de ce genre se faisait grandement sentir, a, grâce aux encouragements d'un grand nombre de citoyens, parcouru sûrement et efficacement la carrière qu'elle s'était tracée.

Depuis sa fondation cette institution a éprouvé bien des tempêtes et a surmonté bien des obstacles ; mais appuyée sur la jeunesse, cette ancre de salut de la patrie, elle ne peut qu'arriver à bon port.

Cette association, qui jusqu'à cette heure n'a tenu ses pouvoirs que d'elle-même, remplit dès à présent le but de sa fondation ; car, établie dans un but d'instruction mutuelle, dans la vue de répandre les notions des vertus civiques, et d'accélérer le progrès moral et intellectuel de notre société, elle se trouve déjà représentée avec beaucoup de bonheur dans divers postes éminents par un certain nombre de ses membres qui ont déjà pris en mains la cause des intérêts publics.

Cet Institut est parvenu à prendre son rang parmi les institutions littéraires et scientifiques de notre pays, est arrivé à combler une lacune qui existait depuis longtemps parmi nous, par l'établissement d'une chambre de nouvelles, d'une bibliothèque consirable et d'une salle de discussion où tous sont conviés à venir s'exercer dans le maniement de la parole et l'art oratoire.

Messieurs, les relations de nation à nation, de peuple à peuple, d'Etat à Etat, de famille à famille, d'individu à individu, prennent de nos jours des proportions incalculables, gigantesques et inconnues jusqu'à présent.

Une masse énorme d'intérêts politique, civils et sociaux en activité, en voie de prospérité et quelquefois en souffrance, qui se trouvent maintenant par le levier puissant de la presse liés en un faisceau difficile, sinon impossible à écarteler ou à rompre, s'est emparé du monde moderne et l'attire vers un but commun, c'est-à-dire vers la solidarité des peuples le bien-être des classes populaires, et l'identité de leurs intérêts bien entendus.

Permettez-moi d'appeler l'étude de cette combinaison d'intérêts humains qui nous achemine à l'unité ; mais à l'unité du bonheur fondé sur une liberté légitime, sur une fraternité sérieuse et intelligente et une égalité de nos droits et de nos devoirs seulement, la science sociale, c'est-à-dire, la connaissance et l'appréciation de l'origine, de la grandeur, de l'immensité, de l'actualité et des tendances de ce réseau d'intérêts enlaçant la presque totalité de notre globe, débordant de toute part et envahissant les parties les plus reculées du monde.

Quelques-uns, se reportant vers le passé, cherchent à l'aide des fouilles les plus scientifiques à tracer péniblement le point de départ de ce mouvement ; d'autres ne songeant qu'au présent, ne voient qu'à peine ce qui se passe, et regardent ébahis ce mouvement incessant des populations libres d'elles-mêmes et n'obéissant qu'à l'impulsion de leur cœur, de leur esprit, de leur conscience et de leur génie. D'autres, enfin, plus hardis et plus téméraires, envisagent l'avenir et calculent les résultats de cette marche ascendante des relations humaines toujours grossissant et faisant brèche de toute part aux anciennes institutions qui lui seraient défavorables. En effet, toute institution qui se trouverait en désaccord avec la cause de l'humanité doit inévitablement disparaître.—Lady Morgan a remarqué avec beaucoup de raison, " qu'il n'y a que la superstition et le fanatisme qui sont la honte et l'effroi de l'humanité." Il est indubitablement établi que dans un pays où une association quelconque chercherait à rompre l'équilibre de la liberté de chaque citoyen, qui se trouve consignée au frontispice de la loi, elle ne s'appuierait que sur des pygmées à côté des monuments impérissables élevés par le pouvoir civil qui plane au-dessus des partis religieux.

Ceci posé, messieurs, l'on comprendra facilement que l'on doit être aussi mal vu à attribuer à la grande Union continentale de l'Amérique du Nord, placée sous l'égide de lois impartiales et humanitaires, les écarts d'une foule votant au gré de ses passions religieuses, d'une association de *Know-Nothings* réprouvée par la loi, que si l'on voulait attribuer toutes les horreurs de l'inquisition aux principes du christianisme, dont les lois divines sont si favorables aux destinées de l'homme.

Pour bien étudier, messieurs, ces phases nouvelles de l'humanité sans cesse grandissant et refoulant toutes les institutions nées de la féodalité qui ne lui seraient pas conformes, il convient d'ouvrir des lieux de discussion, d'établir des bibliothèques et de fournir à l'activité intellectuelle de l'époque tous les moyens propres à lui assurer une saine appréciation de ce pas de charge de la civilisation moderne, lancée à toute course au moyen de l'imprimerie et de la télégraphie.

Je m'efforcerai de vous exposer en peu de mots et en ne vous retenant que le moins de temps possible, la grandeur de la mission qui nous est dévolue, et dont rien ne saurait arrêter l'accomplissement ; car tout nous présage que ce mouvement civilisateur auquel nous sommes inévitablement mêlés, est appelé à exercer une influence notable parmi nos com=

patriotes qui se trouvent portés, par la tendance naturelle de leur esprit, autant vers les études abstraites, les sciences et les arts, que vers le culte des intérêts matériels.

Il serait superflu de vouloir démontrer l'utilité, à une époque comme la nôtre, d'institutions semblables et même supérieures à l'Institut-Canadien dans chaque centre de population, sur toute l'étendue du pays où la liberté de la parole est si fortement établie sous l'égide humanitaire de la constitution anglaise qui, avec celle de nos voisins, constituent le seul boulevard actuel des droits de l'homme en société. A une époque où il est prouvé par l'histoire que l'humanité marche vers l'association et la paix, il s'agit de faire apprécier sainement et efficacement les effets de l'association basée sur l'instruction mutuelle et réciproque.

Le développement si rapide de notre civilisation moderne, qui compte à peine trois siècles, est due en grande partie à la découverte du Nouveau-Monde, qui à ouvert une nouvelle carrière à toutes les nobles aspirations de l'homme redevenu libre sur tout le parcours de ce vaste continent.

Permettez-moi, messieurs, pour mieux vous exprimer tout l'amour que je ressens de ma patrie et de ce beau continent sur lequel la Providence nous a fait naître, permettez-moi, dit-je, de vous rappeler ces paroles de Montaigne quant à sa ville de prédilection, Paris, et sa grande et belle patrie, la France.

" Je veux vous dire ceci. Que je ne me mutine
" jamais tant contre la France que je ne regarde
" Paris de bon œil ; elle a mon cœur dès mon en-

" fancé et m'est advenu comme des choses excel-
" lentes. Plus j'ay veu depuis d'autres villes bel-
" les ; plus la beauté de celle-cy peut et y gaigne
" sur mon affection. Je l'ayme tendrement jusqu'à
" ses verrues et à ses taches. Je ne suis Français
" que par cette grande cité, grande en peuples,
" grande en félicité de son assiette, mais surtout
" grande et incomparable en variété et diversité
" de commodités. La gloire de la France est un
" des plus nobles ornements du monde. Dieu en
" chasse loin nos divisions."

Pour rendre notre patrie plus grande, plus belle et plus forte et la placer au niveau des peuples rivaux en industrie, en commerce et en prospérité, il y faut nécessairement promouvoir une instruction utile et pratique, toujours indispensable au bon fonctionnement des institutions électives, et que quelques-uns ont cru avoir été données trop tôt au peuple à raison peut-être de son manque d'éducation pratique et rationnelle. M. de Bonald dans ses écrits remarque avec beaucoup d'à propos : que " l'éducation de l'homme doit finir par des pensées."

Le principe électif accélère le besoin de l'instruction séculière et nationale, et celle-ci à son tour, bien dirigée, purifie ce que l'autre a de trop alarmant ou de trop dangereux.

Au moyen du principe électif, le peuple pour le moment peut errer facilement, mais il lui arriverait d'errer bien longtemps, si l'intelligence de ses droits civiques ne lui était enseignée.

La formation d'institutions semblables à celle-ci devient nécessaire a l'époque où nous vivons, et c'est ce qui a réussi avec le plus de succès jusqu'à présent a éclairer et fortifier la jeunesse dans les localités où elles ont été établies et conduites avec énergie et activité dans le but de répandre des notions morales et réformatrices. Aucune de ces institutions n'a faussé son but, nulle d'elle ne s'est fourvoyée, chaque fois que la jeunesse a su y mettre la main et en diriger les opérations.

Ces institutions ainsi organisées se trouvent par là même en rapport avec les idées du siècle, et loin de chercher à entraver l'essor de l'esprit humain, ne font que lui ouvrir une carrière, de nouveaux sentiers et préparent le jeune homme aux travaux ardus de la vie publique. L'homme étant un être toujours perfectible, il est de sa nature de suivre constamment une marche progressive.

Sydney Smith dit que " les abeilles construisent
" exactement comme du temps d'Homère, l'ours
" est aussi ignorant des bonnes manières qu'il l'é-
" tait il y a deux mille ans passés, et le singe est
" aussi incapable de lire et d'écrire que l'étaient
" les gens de qualité du temps de la reine Eliza-
" beth." La condition normale de l'homme est de changer, d'innover et de s'améliorer, et c'est par l'association et l'enseignement mutuel qu'il y parvient. " L'instruction seule distingue l'homme de " l'homme," dit Boinvilliers ; or avec quel à propos ne devons-nous pas répéter cette observation si juste de nos jours où l'égalité, en bien des occasions, n'est rompue que par la culture de l'esprit de ceux qui s'élèvent et dominent.

L'Institut réunissant ensemble les jeunes gens de toutes les classes de la société, développe chez chacun d'eux les tendances particulières de leur caractère, les habituent à l'exercice de la parole et surtout de la pensée (ce à quoi malheureusement beaucoup d'hommes cherchent à se soustraire,) et donne occasion aux hommes possédant les mêmes idées de se reconnaître au besoin et de se compter.

Il contribue puissamment à leur donner le goût de l'exercice de leurs droits politiques, ce qui est d'un grand avantage au développement régulier et constant des institutions électives.

Une telle institution accélère tout ce qui tend à développer l'esprit humain et à le dégager des langes de l'ignorance où tant de fausses notions cherchent à le retenir, mais sans succès difinitif.

Elle ne peut qu'accomplir le but de sa mission dans un pays où l'on ne rencontre aucune entrave procédant de la loi, qui se montre si jalouse de la publicité des opinions les plus contradictoires et qui s'appuie sur le principe fécond que " du choc des opinions jaillit la lumière." Il est bon de se rappeler tous les ans à pareille époque la grandeur de la mission qui nous reste à remplir, tout en se reportant vers le passé pour se rendre compte de l'influence notable que cette association a déjà exercée.

Placés comme nous sommes dans une cité où le commerce, premier élément de civilisation des peuples, secondé par une navigation rapide, et affranchi de bien des entraves, prend une extension si considérable, et dont la banlieue sera bientôt une ville ; dans un siècle qui entasse merveilles sur merveilles, découvertes sur découvertes sans plus causer aucun ébahissement ; sur un continent qui est destiné à donner une nouvelle phase à la civilisation moderne et à inaugurer un nouvel âge du monde par le régime de l'éducation nationale, nous sommes appelés par nos destinées à nous mêler à ce mouvement, comme j'ai eu l'honneur de vous l'exprimer tout à l'heure, et à consacrer l'usage de nos facultés à l'avancement de l'éducation politique du peuple.

Car si l'homme doit vivre en société, la connaissance intime et approfondie de ses devoirs et de ses droits civils et sociaux lui est indispensable, et en effet l'instruction des classes populaires est devenue le premier besoin de l'époque et le premier élément civilisateur sur notre continent.

Le besoin de l'instruction, stimulé par les tendances de notre époque, est vif, l'avidité des connaissances devient extrême, les mœurs sont accessibles à toute amélioration, et l'éducation est reclamée partout, mais bien des difficultés se présentent dans la solution de ce problème social. Ce problème, qui agite depuis quelques années seulement la société moderne et qui a reçu un commencement d'exécution chez nos voisins, sera poursuivi à travers bien des siècles de controverses, de théories, de sacrifices et d'expériences.

L'on a appris de tous tems que le chemin est long avec les préceptes, et qu'il est court et efficace avec l'exemple.

Cette question se rattache au système gouvernemental nouveau introduit dans la société moderne par la doctrine maintenant adoptée et reçue presque de toute part, de la souveraineté populaire, qui a été si longtemps combattue. L'éducation nationale n'est que le corollaire de la souveraineté du peuple.

Que nous servent nos constitutions modernes sans l'existence ou la coopération de leurs éléments nécessaires ?

Qu'est devenue en France cette monarchie constitutionnelle expérimentée depuis 50 ans sous toutes les formes ? où sont la constitution de 91, la constitution directoriale, la constitution impériale, celle de la restauration, celle de la quasi-légitimité et bien d'autres ?

Sans doute qu'elles ont toutes disparu sous la pression démocratique, mais comment et par quoi ont-elles été remplacées ?

Assurément que ce n'est pas par des institutions électives et démocratiques ? C'est que la France n'a pas encore eu le temps de disséminer au sein de ses populations l'élément vivifiant de l'instruction primaire et nationale et de leur inculquer la connaissance de leurs droits civils régulièrement organisés, tout en ayant eu suffisamment celui de démocratiser ses institutions et ses mœurs.

A quoi bon tant de changements et d'innovations pour ne tourner qu'autour du même cercle, lorsque le remède est dans la formation des éléments constitutifs d'une volonté populaire manifestée par l'intelligence de ses droits sociaux ? C'est que nulle constitution est née viable sans l'éducation nationale, et que le principe électif sera toujours froissé sans son secours immédiat, et c'est qu'en son absence l'idolâtrie d'un nom au sein des masses assoupies par l'esprit, écartera pour toujours du timon des affaires publique, les tribuns les plus dévoués aux intérêts de la nation.

Toute institution élective isolée de son corollaire éternel, ne trouvera jamais aucun air respirable dans la liberté ; elle y sera étouffée aussitôt qu'éclose, et sera méconnue et répudiée par ceux mêmes aux mains desquelles elle aura été confiée. C'est que le principe électif sans l'enseignement des devoirs de la vie publipue et sociale devient une amère dérision.

L'on répète à satiété que c'est la campagne qui fait le pays et que c'est le peuple de la campagne qui fait la nation. Or, si le pays n'était pas en mesure d'aprécier ses institutions électives et de les faire fonctionner, et si la eampagne était incapable de seconder les villes et les cités, la nation entière deviendrait la risée de ses voisins plus instruits, surtout en Amérique, et se ferait exploiter outre mesure et sans jamais pouvoir y apporter aucun remède.

Tant que l'enseignement des droits civils que l'homme est destiné à exercer en société, et des obligations des gouvernements et des gouvernés, n'aura pas déblayé les derniers vestiges de la féodalité qui reste incrusté au sein des masses populaires, le peuple n'exercera qu'inconsidérément sa souveraineté ; car c'est une condition vitale de son exercice, bien compris maintenant dans tous les pays régis par des gouvernements constitutionnels. Après avoir reconnu cette souveraineté l'on s'efforcerait mal à propos d'en empêcher le libre exercice par le ralentissement que l'on voudrait apporter à la formation de ses éléments constitutifs. En agissant de la sorte l'on ouvrirait un abîme impossible à combler entre les classes supérieures et inférieures de la société qui se trouverait par là scindée en deux ; l'on ne sèmerait que l'arnarchie, la guerre civile et le despotisme en dernier lieu, et l'on verrait ce qui se produit constamment chez les républiques Hispano-américaines.

Devant une opinion publique fortement éclairée, maîtresse de ses droits et intelligentes sur ses devoirs, beaucoup d'individualités stériles, de royautés bâtardes tomberaient rapidement en désuétude.

C'est alors que s'appliqueraient avec beaucoup plus de force cette observation de Montesquieu :

" Il y a dans chaque nation un esprit général sur
" lequel la puissance même est fondée ; quand elle
" choque cet esprit elle se choque elle-même et
" elle s'arrête nécessairement." En un mot, messieurs, il est hors de doute que la meilleure constitution repose sur l'aptitude des masses au maniement des affaires et n'a guère besoin d'être écrite.

Le mouvement qui emporte le monde vers des destinées sans cesse meilleures est né du progrès des sciences et des lettres, de la philosophie, de la mécanique et des arts, et il ne s'agit que de les bien populariser.

A mesure que l'instruction réagit sur les masses, la société s'affranchit des erreurs et des préjugés au moyen desquels on l'a exploitée si longtemps.

Il est de maxime incontestable qu'un peuple instruit est un peuple libre ou bien près de conquérir sa liberté et possédant tous les éléments nécessaires à sa conservation ; et il est excessivement ridicule de croire que les Etats-Unis, dont la population est pour ainsi dire triplée par l'instruction poussée à un degré plus considérable qu'en aucun autre pays du monde, puissent jamais être conquis par l'Europe coalisée.

Quelques faits sociaux font ressortir les avantages immenses de l'enseignement des devoirs de la vie usuelle, pratique, sociale et citoyenne aux Etats-Unis. Les découvertes et les inventions qui s'y font sous le rapport des arts mécaniques, qui sont la réalisation des plus brillantes entreprises que l'esprit de l'homme pût rêver dans ses plus sublimes exaltations, et la faveur avec laquelle elles sont accueillies par les populations auxquelles elles enlèvent momentanément de l'emploi et qui ailleurs se soulèveraient en raison de cette innovation, parlent hautement en faveur de cet enseignement national.

C'est qu'abitué à exercer sa pensée et son esprit sur tout ce qui l'entoure, le citoyen comprend qu'il ne peut pas rester immobile dans de certaines limites. La suppression de la main-d'œuvre et d'économie du temps qui en résulte ouvrent à l'intelligence, moins absorbée par une infinité de détails, de vastes champs à parcourir, et lui permettent de l'exercer sur des aperçus toujours nouveaux et toujours féconds.

Le flot de l'émigration partant de l'Europe qui s'endort préfère y aborder plutôt que de se diriger vers les plages magnifiques de l'Amérique du Sud, vers lesquelles ce flot chaque jour croissant devrait néanmoins se sentir attiré.

Quoique recevant sur son territoire des populations de toutes les origines et de toutes les croyances et formant des éléments si discordants dans l'encien monde, le gouvernement américain poursuit sa carrière sans commotion et divise le moins les hommes.

Cette nation, loin d'interdire l'usage de son territoire à aucun prince ni à aucun ambassadeur, reçoit de l'Europe des hommes qu'elles transforme, par le simple jeu de ses institutions, en citoyens les plus utiles et les plus heureux, pénétrés du sentiment de leur dignité de citoyens souverains et de la grandeur des devoirs que leur impose leur nouvelle patrie.

Ecoutons un instant la voix de Barthélemy sur ces considérations qui l'ont frappé et qui certes, ne sont pas nouvelles pour aucun de nous, dans son ode Dythyrambique sur l'Amérique, adressée au ci-devant président Polk.

Pauvre Europe, elle est vieille, elle est lente à l'ouvrage !
Hélas ! elle a tant fait lors de son premier âge
Que les bras musculeux qui furent son appui
Même pour la sauver languisent aujourd'hui.
Pourtant, n'en doutons pas, l'arche sera bâtie,
Les peuples fonderont leur grande dynastie,
Et les rois absolus, du Tibre à la Néva,
Tomberont dans la nuit du siècle qui s'en va.

Ces jours arriveront, mais nourrir la pensée,
Mais croire que l'Europe ainsi consolidée,
Conservera son rang, retiendra dans sa main
La balance où flotta le sort du genre humain,
Que seule intelligente, intrépide, féconde
Elle sera toujours le point central du monde,
C'est un espoir perdu : ce centre est déplacé.
C'est juger l'avenir avec l'œil du passé :
Il nous quitte, sachons le voir sans jalousie ;
Avant d'être pour nous, il était pour l'Asie ;
D'un continent à l'autre il erre tour à tour ;
Qui sait sur quelle terre il doit passer un jour ?

Chaque fois que le globe agrandit sa surface
A chacun de ces points il donne une autre place ;
L'équilibre éternel charge tous ses ressorts ;
Ce qui fut au milieu, se trouve sur les bords.
....
Cet ensemble nouveau révèle le besoin
D'un pivot social qui se porte plus loin ;
Il ne peut plus rester sur notre terre antique.
Il va sous d'autres cieux par delà l'Atlantique.
Chez cette nation qui monte à l'Occident
Et qui de jour en jour accroit son ascendant
Par les deux grands pouvoirs qui l'ont émancipée,
Franklin et Washington, la justice et l'épée ;
Chez ces hommes guerriers, agriculteurs, marins,
Constructeurs de canaux, défricheurs de terrains,
Forts par le gouvernail et forts par la charrue,
Fondant une cité, comme nous une rue.
....
Chez ce peuple où l'Etat c'est la force en commun
Où chacun fait la loi qui commande à chacun,
Peuple adoptant pour fils tous ceux qui veulent l'être
Et qui, lorsqu'il lui plait de se donner un maître,
Regarde dans la foule, amas de tous les rangs,
Prend un homme et lui dit : " Tu règneras quatre ans."
....
Là nulle volonté ne doute, ne chancelle,
Tous les bras sont roidis vers l'œuvre universelle,
Loin de paralyser ce tourbillon vivant,
Le pouvoir l'applaudit et lui crie " en avant !"
....
Ah ! s'il existe au monde un sublime spectacle,
C'est cette liberté qui marche sans obstacle
Cet Aigle Américain qui remplit l'horison,
Sans que jamais son aile effleure une prison.
....
Merveilleux avenir qu'un voile encore dérobe,
C'est par là que tout marche à l'unité du globe.
....

Il y a peu d'années qu'un orateur s'est écrié à la tribune française : " La France s'en va, la société s'en va, l'Europe moderne s'en va." Où vont-ils ? Quels chemins vont-ils suivre ? Serait-ce que le courant de la civilisation s'avance rapidement vers l'Amérique et pénétrerait de nouveau dans l'Asie qui semble vouloir enfin s'éveiller ? Est-ce une prophétie qui a quelque apparence de s'accomplir. Assurément, messieurs, cet orateur a dû y réfléchir avant que de jeter une telle alarme à la face de l'Europe entière.

Ces paroles mémorables rappellent aussitôt à notre mémoire cette autre prophétie de Bonaparte, " que dans cinquante ans l'Europe sera républicaine ou Cosaque," et qui va se dérouler sous nos yeux d'une manière si sanglante avant l'époque assignée.

Autrefois la civilisation s'introduisit au moyen de la tenure féodale et par des institutions quasi militaires. De nos jours, le pionnier en Amérique, à l'aide d'une presse et d'une école, éclairant tout à la fois l'âge mur et l'adolescence, s'en va partout jetant les fondations des plus grandes cités du monde.

La marche irrésistible de ce mouvement se fait sentir sur tous les points de notre continent, et par un constraste bizarre, l'on voit les traditions les plus antiques pâlir à côté des premiers éléments de la nouvelle société américaine.

La force ascendante d'une civilisation plus avancée que jamais ne peut être méconnue ni reniée.

La civilisation européenne, éclose de la féodalité, n'a pas su se dégager suffisamment des liens de ce régime qui opprimait les masses, l'humanité collective, pour n'ennoblir que quelques chefs et leurs familles.

Ce n'est plus par de puissantes individualités que les âges du monde se compteront dorénavant, car le développement du principe de l'association basée sur la parfaite entente des intérêts mutuels et sur l'instruction pratique des classes populaires, devenue une des lois inévitables de la société, contribuera excessivement à son bien-être et à sa force. Les découvertes modernes ne produiraient que de bien fausses notions, si elles n'étaient pas mises aussitôt en pratique par la partie pensante et productive de la population. Il est nécessaire, pour la stabilité de ce nouvel ordre de choses, que les classes populaires sachent tenir tête aux progrès qui s'opèrent dans l'élite de la société et qui deviendrait une arme dangereuse entre leurs mains malhabiles, si elles n'en possédaient une connaissance suffisante.

Je n'hésite pas à affirmer, messieurs, que l'intelligence bien dirigée des populations s'exerçant sans cesse sur leur condition sociale, politique, agricole et industrielle, est la première et la principale richesse d'une nation.

Tous les économistes se sont efforcés à nous indiquer de quelle source provenaient les richesses nationales, mais s'ils l'ont placée ailleurs que dans le développement régulier et rationel de l'intelligence d'un peuple, ils ont dû nécessairement se tromper; car que sert à certains peuples d'habiter les plus belles parties de notre globe, s'ils n'acquièrent aucune aptitude et à en tirer parti ? M. Thiers, qui possède à un si haut degré l'éloquence des affaires jointe à une augmentation incisive, a remarqué avec beaucoup de bonheur à la tribune française que " le jour où Dieu a mis la religion dans le cœur de l'homme, il a mis la philosophie dans son esprit."

L'esprit de l'homme a besoin, dans tous les pays, de se développer avec toutes ses chances, et d'être abandonné à sa virtualité propre ; mais de peur que l'ordre ne soit troublé, certains pays ont cru devoir supporter un état de choses qui est loin d'être dans l'ordre que la Providence nous assigne. Que veut dire cet ordre au moyen duquel certains pays s'immobilisent, au moyen duquel toutes les questions générales qui affectent le progrès de l'humanité sommeillent, et au moyen duquel l'on s'abstient et l'on évite de poursuivre aucun travail d'organisation ? En Amérique, le travail organique ne peut être contesté, et l'ordre s'y maintient dans les faits et dans les idées par le rayonnement de l'intelligence. En parlant d'un pays quelconque, nous devons faire abstraction des mouvements désordonnés qui peuvent s'y manifester momentanément par l'agglomération de matières hétérogènes, dont il serait difficile et même impossible d'opérer la fusion dans bien d'autres pays que les Etats-Unis. M. de Chateaubriand, après avoir exposé le travail d'organisation sociale qui se poursuit avec tant d'activité aux Etats-Unis, continue comme suit :

" Il est inutile de parler des constitutions des divers Etats, il suffit de savoir qu'elles sont toutes libres. Ajoutez à cela de vastes colléges, des observatoires élevés par la science dans le séjour de l'ignorance sauvage ; toutes les religions, toutes les opinions vivant en paix, travaillant de concert à rendre meilleure l'espèce humaine et à développer son intelligence. Tels sont les prodiges de la liberté.

L'abbé Raynal avait proposé un prix pour la solution de cette question : Quelle sera l'influence de la découverte du nouveau monde sur l'ancien monde ? Les écrivains se perdirent dans des calculs relatifs à l'exportation et à l'importation des métaux, à la dépopulation de l'Espagne, à l'accroissement du commerce, au perfectionnement de la marine. Personne, que je sache, ne chercha l'influence de la découverte de l'Amérique sur l'Europe, dans l'établissement des républiques américaines.

"On ne voyait toujours que les anciennes monarchies à peu près telles qu'elles étaient, la société stationnaire, l'esprit humain n'avançant ni ne reculant, on n'avait point la moindre idée de la révolution qui, dans l'espace de quarante ans, s'est opérée dans les esprits.

Le plus précieux des trésors que l'Amérique renfermait dans son sein, c'était la liberté : chaque peuple est appelé à puiser dans cette mine inépuisable. La découverte de la république représentative aux Etats-Unis est un des plus grands événements du monde. Cet événement a prouvé, comme je l'ai dit ailleurs, qu'il y a deux espèces de libertés praticables : l'une appartient à l'enfance des peuples ; elle est la fille des mœurs et de la vertu : c'était celle des premiers Grecs et des premiers romains ; c'était celle des Sauvages de l'Amérique ;—l'autre naît de la vieillesse des peuples ; elle est fille des lumières et de la raison ; c'est

cette liberté des Etats-Unis qui remplace la liberté de l'Indien. Terre heureuse, qui, dans l'espace de moins de trois siècles, a passé de l'une à l'autre presque sans effort et par une lutte qui n'a pas duré plus de huit années.................................
....

"Quoiqu'il en soit de l'avenir, la liberté ne disparaîtra jamais toute entière de l'Amérique ; et c'est ici qu'il faut signaler un des grands avantages de la liberté fille des lumières sur la liberté fille des mœurs.

"La liberté fille des mœurs périt quand son principe s'altère, et il est de la nature des mœurs de se détériorer avec le temps.

"La liberté fille des mœurs commence avant le Despotisme aux jours d'obscurité et de pauvreté ; elle vient se perdre dans le despotisme et dans les siècles d'éclat et de luxe.

La liberté fille des lumières brille après les âges d'oppression et de corruption ; elle marche avec le principe qui la conserve et la renouvelle ; les lumières dont elle est l'effet, loin de s'affaiblir avec le temps, comme les mœurs qui enfantent la première liberté ; les lumières, dis-je, se fortifient au contraire avec le temps. Ainsi elles n'abandonnent point la liberté qu'elles ont produites ; toujours auprès de cette liberté, elles en sont la vertu générative et de source intarissable."

Il nous importe à nous, Messieurs, qui avons pour motto "*altius tendimus*," de suivre de près les progrès qui s'opèrent autour de nous par l'introduction de nouveaux principes sociaux qui se résument dans la communauté d'intérêts, dans la diffusion de l'éducation et des lumières, dans le progrès des arts et des sciences, et dans le perfectionnement de la condition morale et intellectuelle de tous les membres de la société.

Il est de notre devoir de ne pas rester en arrière ; d'écarter tout ce qui peut paralyser l'action et la marche de notre patrie, qui tôt ou tard viendra prendre sa place dans le cercle d'ailliance des nations américaines qui s'agrandit sans cesse ; et de poursuivre avec succès tout ce qui nous a déjà coûté tant d'efforts et de luttes, et tout ce qui est destiné à régénérer nos populations qui seront appelées un jour à nouer des relations beaucoup plus compliquées que celles qui existent autour d'elles.

Car en suivant des yeux la marche de la nation qui nous avoisine, nous devons nous convaincre que la civilisation continue à se déplacer avec une rapidité très sensible.

Ainsi, nous devons nous préparer, par tous les moyens que nous avons en notre pouvoir, à nous maintenir à la hauteur de ces États qui gravitent vers un centre commun et qui, dans quelques années, entraineront probablement tous leurs voisins dans leur gravitation.

En terminant, Messieurs, quelques relevés statistiques nous indiqueront davantage ces espérances du règne populaire de tous, qui commencent déjà à se réaliser, et ce mouvement des populations qui s'opère sur notre continent qui, par la nature des insiitutions, tend à la fusion des nationalités et à l'homogénéité des races, dont la force s'exerce sur des États et des territoires qui, dans l'ordre politique, suivent une marche semblable à la gravitation des corps et sont comme autant d'étoiles qui tendent par une impulsion secréte vers l'unité et le bonheur du genre humain.

En 1800 les Etats-Unis, qui ne comptaient que 5,000,000 d'habitants ou un peu plus, sont arrivés à atteindre en 1850 près de 24,000,000. Remarquez que c'est durant l'espace d'un demi siècle seulement.

Chateaubriand calculait que si la population de ces Etats continuait à doubler tous les 25 ans, elle serait en 1855 de 25,750,005; or les faits accomplis ont dépassé ses prévisions. L'on présume en conséquence qu'en 1900 il y aura près de 100,000,000 d'hommes libres sur la surface de ces Etats, ce qui constituera une population plus considérable que celle de l'Angleterre, de la France, de l'Espagne, du Portugal, du Danemark, de la Suède et de la Suisse réunies ensemble.

Beaucoup d'entre nous auront sans doute le bonheur de saluer l'avènement de cette époque si remarquable, et qui aura alors décidé de beaucoup d'évènemens qui, à l'heure qu'il est, forment au milieu de nous le sujet de tant de conjectures et de controverses et que l'avenir se chargera de dénouer au profit de l'humanité, soyons-en bien convaincus.

En me retirant, Mesdames et Messieurs, je ne pense pas avoir un meilleur souhait à vous faire, à l'approche de la nouvelle année, que d'espérer que chacun de vous verra arriver cette époque encore éloignée dont je viens de vous entretenir, et que dans l'intervalle, pour tout désagrément, vous consentirez à venir assister chaque année à la célébration de l'anniversaire de la fondation de cet Institut.

INSTITUT-CANADIEN.

NOTICE BIOGRAPHIQUE,

SUR FEU

EDOUARD R. FABRE, ECR.,

LUE A L'INSTITUT-CANADIEN PAR

JOSEPH DOUTRE, ECR., MEMBRE DE L'IFSTITUT-CANADIEN.

I.

Quelques semaines se sont à peine écoulées, que nous déplorions ensemble et dans cette même enceinte la perte irréparable d'un vertueux citoyen. (*) L'implacable destin qui arrache tous les jours des frères à nos embrassements et qui nous précipitera tous, les uns après les autres, dans l'abîme de l'éternité, vient encore de frapper cruellement nos affections et nos souvenirs politiques. Il y a des hommes qui tiennent une si large place dans les cœurs, que leur disparition prend difficilement l'apparence de la réalité, et ce n'est qu'après de longs jours de deuil et de pleurs, que l'esprit peut s'habituer à y croire. La stupéfaction semble, pendant quelque temps, supprimer la douleur, comme pour la rendre plus vive et plus poignante, quand l'éten-

(*) L'Hon. D. E. Papineau,

due de la calamité peut se calculer. Cette étrange sensation n'a jamais été plus profonde que lorsque le glas funèbre annonçait à la ville de Montréal qu'elle venait de perdre l'un de ses enfants les plus distingués et les plus chers, en la personne de M. Edouard Raymond Fabre, il y a de cela quelques jours. Quand la nature a donné libre cours à sa douleur, il y a une consolation pour ceux mêmes que les liens intimes de la famille ramènent incessamment sur la tombe qui renferme tant de pieuses affections, c'est qu'un époux, un père et un citoyen, comme M. Fabre, ne perd que la dépouille de l'humanité et continue à vivre parmi ceux qui l'ont connu, tant que la vertu a un autel dans les cœurs.

On ne saurait trop le répéter : ce n'est pas pour satisfaire aux exigences de l'amitié qu'une vie pleine de bonnes œuvres, comme celle de M. Fabre, doit aller à la postérité ; mais c'est un devoir que la nature nous impose envers nos neveux, que de leur apprendre ce qu'ils devront faire pour la société et pour eux-mêmes, en leur donnant des modèles à suivre.

. . . .
. . . .

II.

M. Edouard Raymond Fabre naquit à Montreal, le 15 sept. 1799.

A l'époque où son enfance avait besoin de cette précieuse culture des écoles, qui n'a qu'une rapide saison, les maisons d'éducation commerciale étaient encore à créer. C'est à peine si aujourd'hui même on sait apprécier la nécessité d'une éducation prise ailleurs que dans les auteurs grecs ou latins ; — à plus forte raison devait-on peu le sentir, il y a plus d'un demi-siècle. Néanmoins ses heureuses dispositions avaient promptement développé en lui une aptitude remarquable pour les affaires.

M. Fabre avait dès lors, c'est-à-dire dès sa plus tendre enfance, la qualité qui est l'âme du commerce, — sans laquelle les talents les plus brillants sont toujours improductifs. Toute sa vie M. Fabre aima le travail, et sa carrière ne pouvait manquer d'être heureusement poursuivie.

Il y a, par le monde, une erreur généralement répandue et sur laquelle on semble s'obstiner à ne vouloir pas revenir. Il existe un grand nombre d'espèces de doctrinaires qui classifient les hommes dès leur naissance, comme le font à peu près les phrénologistes. Ces doctrinaires veulent à tout prix, qu'un homme ait certaines aptitudes spéciales pour telle ou telle profession, et ils le déclarent inhabile à poursuivre une autre carrière que celle où le jettent ses dispositions naturelles. A ce compte les hommes, qui sont parvenus au plus haut degré de célébrité, après avoir comme Démosthènes, changé leur nature apparente, auraient dû se contenter de garder les troupeaux, au lieu de briguer l'admiration de leur siècle et celle de la postérité.

C'est rabaisser la nature humaine que de la jeter ainsi dans un sillon impermutable, où elle doit s'agiter sans horizon et sans espoir.

Quand l'homme fut créé le roi de la terre, toutes les carrières lui furent indistinctement ouvertes, à la seule condition d'en forcer les voies à la sueur de son front. Et c'est en cela que gît la dignité humaine. Aussi suffit-il à l'homme d'avoir une certaine somme d'intelligence et de l'amour pour le travail, pour pouvoir aspirer à presque tous les genres de succès.

Cette remarque ne vient pas ici hors de propos ; elle exprime la pensé intime de l'honorable citoyen dont le souvenir unit nos cœurs dans une douleur commune. Il savait que c'était par son travail qu'il était devenu le protecteur et le guide de ses compatriotes en mille circonstances ; que c'était par son travail qu'il était devenu la souche d'une famille qui promettait au pays des enfants distingués et à laquelle il pouvait dire adieu sur son lit de mort, sans amère préoccupation pour l'avenir.

M. Fabre aurait pu se livrer à toute autre occupation que celle à laquelle il a dévoué sa vie, avec le même succès : car son intelligence et son ardeur pour le travail étaient telles qu'aucun obstacle n'aurait pu résister à ses efforts.

Aussi à l'âge de 14 ans, il était déjà prêt à commencer sa vie laborieuse. avec les éléments d'instruction qu'un homme, animé d'une légitime ambition, peut développer par sa propre énergie. A 14 ans il entra dans le commerce, et il se forma principalement sous M. Arthur Webster, qui se trouvait à la tête de l'une des plus considérables maisons de quincallerie à Montréal.

Les jeunes Canadiens étaient alors rarement et difficilement admis dans les maisons de commerce anglaises. M. Fabre fit voir par l'activité qu'il déploya dans cet établissement, aussi bien que par les fréquentes preuves qu'il donna de son intelligence et de sa probité, combien cet exclusivisme jaloux était injuste.

Mais tout en accomplissant rigoureusement les devoirs de son humble position, M. Fabre aspira de bonne heure à jouir de cette indépendance d'action, qui était un trait remarquable de son carácterè.

Après neuf ans d'une application suivie, M. Fabre se disposa à passer en France, malgré les instances de M. Webster, qui voulait le retenir. Il y arriva en 1822 et il consacra une année à l'étude spéciale du commerce de librairie, chez M. Martin Bossange, père.

Il revint l'année suivante, avec une cargaison considérable de livres français, et il fonda la maison qui porte aujourd'hui son nom.

En 1826, il épousa Dlle Luce Perrault, sœur de Charles Ovide Perrault, jeune et ardent patriote, tué dans la bataille insurrectionnelle de St. Denis, en novembre 1837.

III.

Lors de l'élection de 1827 et de la mission de MM. Viger, Neilson et Cuvillier en Angleterre, M. Fabre commença à s'initier aux mouvements politiques et il ne tarda pas à exercer une grande influence sur les démarches des hommes publics, liés à la cause coloniale et canadienne. Son bureau d'affaires devint dès lors le rendez-vous quotidien des chefs du parti libéral, qui s'y rassemblèrent jusqu'en 1837.

Son dévouement sans bornes, le soin qu'il apportait dans les affaires qui demandaient du patriotisme et des sacrifices, fesaient jeter les yeux sur lui, chaque fois que l'on voulait organiser des œuvres secourables. Il fut ainsi successivement l'instigateur et le trésorier d'une foule d'œuvres patriotiques, sans négliger les services privés et confidentiels qu'un grand nombre de personne recevaient personnellement de lui. Ses dispositions bienveillantes et charitables étaient portées à un tel point, qu'aux funérailles de l'un de ses enfants, un ami de sa famille ne compta pas moins de trente-deux personnes auxquelles il avait rendu des services importants. Les dons d'argent et les libéralités de tout genre sortaient de ses mains avec une telle profusion et avec un si grand cœur, que de tout temps on le crut beaucoup plus fortuné qu'il ne l'était réellement.

La *Minerve* qui, de 1828 à 1837, représenta fidèlement le parti libéral et Canadien, fut constamment redevable à M. Fabre de services pécuniaires considérables. Quand les troubles de 1837 éclatèrent, de fortes sommes dues par M. Duvernay, propriétaire de la *Minerve*, retombèrent sur M. Fabre, qui avait engagé son crédit auprès des créanciers. Cela ne l'empêcha pas en 1841, de faire des instances auprès de M. Duvernay, pour le faire revenir en Canada et l'engager à reprendre la publication de la *Minerve* interrompue par l'exil de son propriétaire et de la plupart de ceux qui avaient mis la main à la rédaction. Au retour de M. Duvernay, M. Fabre se porta caution, pour remonter son établissement, quoiqu'il n'eut jamais été remboursé de ses premières avances.

Le Dr. Tracey, éditeur-propriétaire du *Vindi-*

cator, etant mort durant l'épidemie de 1832, ce journal cessa de paraître.

M. Fabre sentant la nécessité impérieuse d'un journal anglais, pour faire entendre les plaintes des colons français et libéraux en Angleterre, se mit à l'œuvre pour résusciter le *Vindicator*. Toute la presse anglaise du pays étant hostile aux Canadiens, elle paignait l'état de la colonie, sous les couleurs les plus défavorables pour les Canadiens, qu'elle représentait constamment, auprès des autorités impériales, comme une population rébelle que rien ne pourrait concilier. Un très petit nombre d'hommes publics de l'Angleterre pouvant consulter la presse française, il devenait urgent de continuer l'œuvre commencée et poursuivie si heureusement par notre dévoué compatriote Irlandais, le Dr. Tracey.

Sous l'inspiration de M. Fabre, une société en commandite, composée des chefs du parti libéral, se forma pour reprendre la publication du *Vindicator*.

Mais comme il arrive souvent, les fonds souscrits n'entraient que difficilement ou point du tout. M. Fabre qui était le trésorier de la société, fesait face à tous les besoins au sacrifice de son temps et de son argent. La rentrée des fonds cessant enfin tout-à-fait, et l'existence du journal devenant en danger, M. Fabre se résolut à en acheter la propriété, afin de surveiller, avec plus d'économie et de fixité, la direction d'un organe aussi important.

Comme il est facile de le croire, les soins qu'exigeait de lui son commerce, devaient le gêner considérablement dans l'administration du *Viudicetor*; et trouvant, en 1835, l'occasion de confier cette lourde responsabilité au patriotisme et au travail d'un homme sur lequel il pouvait surement compter, il en revendit la propriété à M. Louis Perrault, qui continua à publier le journal jusqu'aux troubles de 1837.

Dans le temps même où la publication du *Vindicator*, se reprenait avec tant de difficultés, (1823) M. Fabre contribuait à fonder le vaste établissement de la " Maison Canadienne." qui devait être, pour lui et pour d'autres, la source de tant de déboires. Le commerce d'importation se trouvait alors presque exclusivement entre les mains des Européens émigrés, avec lesquels nous étions en lutte politique incessante. La jeunesse canadienne végétait derrière les comptoirs de quelques-uns de leurs compatriotes qui étaient parvenus avec d'immenses difficultés, à fonder des établissements, que les importateurs anglais tenaient dans leur dépendance. La " maison canadienne" était fondée dans le but d'ouvrir un vaste réservoir d'importation où les marchands détailleurs viendraient s'approvisionner, comme à une source nationale à eux. L'on avait aussi un autre objet en vue ; c'était de former des hommes capables, dans les différentes branches du commerce et de constituer ainsi une classe d'hommes qui pourraient plus tard exercer, dans la société et dans la politique, l'influence des capitaux et de l'opulence.

Des circonstances malheureuses rendirent les efforts de M. Fabre et de ses amis infructueux, firent manquer le but de cette institution et mirent même en danger la fortune de tous ceux qui avaient participé dans cette œuvre louable.

A peine la "maison canadienne" comptait-elle de courtes années d'existence, qu'elle croulait, par suite d'abus de confiance. Les mises des actionnaires furent perdues et un procès, qui mettait en question leur responsabilité individuelle, fit longtemps craindre une ruine complète, pour chacun d'eux. Ces craintes ne sont pas dissipées, car ce procès, deux fois gagné en Canada, est encore pendant, devant le Conseil privé de Sa Majesté. La confiance que tous les actionnaires reposaient en M. Fabre était telle, qu'il fut investi du soin de suivre cet affaire importante, devant tous les degrés de juridiction qu'il lui fallait parcourir.

Vers la fin de 1834, à la suite d'une élection chaudement contesté, durant laquelle on avait éprouvé vivement la partialité des banques, qui se trouvaient toutes alors entre les mains d'adversaires politiques, les marchands canadiens résolurent de se mettre à l'abri d'aussi graves inconvénients, en fondant une banque canadienne. En attendant qu'elle fut régulièrement organisée, M. Fabre en fut nommé le secrétaire-trésorier. Les fonds furent promptement souscrits et payés et l'on pu voir encore quelle confiance on reposait dans l'intégrité du trésor provisoire; car le capital payé, s'élevant à £15,000, fut déposé et laissé entre ses mains durant tout l'hiver et jusqu'au mois de juillet 1835. L'établissement était alors définitivement fondé, M. Fabre fut nommé l'un des directeurs.

Ce fut en 1836 que se manifestèrent les premiers symptômes de la lutte insurrectionnelle qui allait s'ouvrir l'année suivante. Ainsi qu'il a déjà été dit, la *Minerve* était alors l'organe du parti libéral et des chefs populaires. La crise qui s'était produite dans l'assemblée législative, par le refus des subsides, se continuait au dehors par la presse. Les autorités, appuyées sur le fanatisme et l'intérêt de la bureaucratie, commencèrent alors le système odieux de porter l'indignation populaire à ses dernières limites, afin de se donner la cruelle et sanguinaire satisfaction d'exercer des vengeances qui couvaient depuis longtemps dans leurs instincts brutaux, mais qui n'avaient pas encore de prétextes d'action. On débuta par attaquer la liberté la plus absolue et la plus respectée en Angleterre : la liberté de la presse.

M. Duvernay fut emprisonné pour un article de la *Minarve*.

Grâce à la générosité du parti, cette détention fet plutôt un triomphe q'une humiliation. La cellule de M. Duvernay prit de suite l'apparence d'un boudoir, où se réunissaient de gais viveurs et où le luxe de la table et tout le comfort de la vie domestique fesaient oublier les rigueurs du gouvernement. Quand les portes de la prison s'ouvrirent devant l'heureux martyre, ce fut l'occasion de fêtes triomphales ; et une souscription libérale, dont M. Fabre était encore l'inspirateur et le trésorier, produisit pour M. Duvernay, une indemnité propre à lui faire désirer d'être souvent l'objet des persécution de l'autorité bureaucratique.

M. Fabre avait eu des relations trop intimes avec les chefs du parti libéral, pour n'avoir pas à redouter les persécutions qui commencèrent à les assaillir dès l'été de 1837. Son caractère timide et placide l'avaient toujours tenu à l'écart des grands mouvements de parti ; mais ses sympathies les accompagnaient partout et il se trouvait par là même enveloppé, avec les plus ardents, dans une solidarité qu'il ne répudia jamais et qui le signalait aux vengeances des ennemis.

M. Fabre était aussi naturellement porté à faire sans relâche et sans merci les luttes constitutionnelles, qu'il se sentait peu propre aux tiraillements des pavés et des camps. Aussi s'il n'eut jamais un mot de blâme, pour ceux qui recouraient aux moyens extrêmes de la force armée, personne ne peut lui reprocher d'avoir reçu de lui l'encouragement de le faire.

Quand la proscription ouvrit les portes des cachots, M. Fabre se joignit à cette foule de patriotes, qui avaient à songer à leur famille et à leur patrie en même temps, et qui cherchaient un abri contre la tempête qui sévissait. Mais quelques mois à peine s'étaient écoulés, dans cet exil volontaire, que les affections de famille et la pensée de pouvoir être utile à ceux qui avaient affronté les rigueurs de la tyrannie, lui faisaient préférer l'emprisonnement, auprès des siens, à une pénible retraite.

Ainsi qu'il s'y attendait, il fut emprisonné en arrivant. L'impossibilité de pouvoir articuler un acte d'accusation contre lui, força ses geoliers à le relâcher après un mois de détention.

Passons rapidement sur cette époque de douloureuses réminiscences et laissons au silence de la tombe les services individuels et publics que M. Fabre répandit alors dans les familles et dans le peuple, pour calmer les douleurs et inspirer du courage

et de l'espoir aux affligés. La bouche de celui qui avait été si cruellement frappé dans Ovide Perrault son parent, et dans la personne de tant d'amis et de frères, exerçait un grand empire quand elle était l'interprète d'un cœur, gonflé de chagrins personnels et plein de consolations et d'encouragement pour ceux qui avaient vu les membres de leurs familles décimés par l'échafaud, l'exil et la prison..
....

IV.

L'union des Canadas avait été décrétée en Angleterre, sans que la colonie eut été consulté et contre la volonté manifeste du Bas-Canada. On se mit en mesure, en 1841, de la faire fonctionner et des élections générales furent annoncées, pour constituer la nouvelle chambre.

Le peuple du Bas-Canada se trouvait alors privé de presque tous les hommes auxquels il avait eu l'habitude de confier le soin de ses affaires. L'exil les avait dispersés en Europe et aux Etats-Unis. Quelques uns du petit nombre des noms connus qui avaient surnagé aux désastres de notre double insurrection, étaient suspects au peuple ; précisément parce qu'ils avaient échappé aux persécutions qui avaient si rigoureusement sévi contre les autres. On soupçonnait chez ces heureux du sort, quelqu'intelligence formelle ou tacite avec le pouvoir tyrannique qui venait de soumettre le pays à une si rude épreuve. La suite des temps n'a pas donné complètement tort aux soupçons ombrageux des masses ; car c'est parmi nos compatriotes que l'Angleterre a trouvé les plus utiles et les plus fermes instruments, pour mettre ses projets hostiles en opération ; c'est par la main de quelques uns de nos compatriotes que l'Angleterre a fait passer l'époque sur les oppressions, qui avaient marqué chaque heure de sa domination sur le Bas-Canada ; c'est par la bouche de quelques uns de nos compatriotes, qu'au neuvième anniversaire du supplice des braves de 1838, elle s'est fait donner un certificat de justice et de bénignité à notre égard.

Que des hommes s'imaginant voir loin dans l'avenir, aient cru utile à leurs compatriotes de mettre la main au gouvernement inauguré par l'Union, la chose s'explique, si elle ne se peut justifier totalement. Mais ce n'est pas après neuf années d'un semblant de justice tardive, trahi à presque toutes les élections, par la violence organisée par le pouvoir, qu'il pouvait être compatible avec la dignité nationale de donner à l'Angleterre un acte d'absolution aussi complet et aussi explicite que celui du ministère Canadien en 1847.

Quoiqu'il en soit, dans l'état de doute où se trouvait le peuple sur le compte de certains hommes, lors des élections de 1841, plusieurs colléges électoraux tournèrent les yeux vers M. Fabre, comme étant l'homme qui représentait le plus fidèlement les idées pour lesquelles on venait d'offrir un aussi douloureux holocauste.

Le comté de Verchères ayant devancé ceux qui voulaient l'envoyer au nouveau Parlement, M. Fabre avait consenti, avec répugnance, à accepter une candidature qu'il avait souvent refusée, pour plusieurs comtés, sous l'ancienne Chambre. Un accident lui étant survenu, la veille du jour où la nomination devait avoir lieu, et se trouvant dans l'impossibilité d'y assister, il fallut renoncer à le présenter, vu qu'à cette époque la présence du candidat était considérée comme légalement nécessaire, pour pouvoir le mettre en nomination. M. Henry Desrivières s'y rendit à sa place et fut élu par acclamation.

La tournure que prirent bientôt les affaires politiques, par la conduite des chefs du parti, qui semblait succéder, en Chambre, à l'ancien parti libéral, l'éloigna insensiblement de toute action politique et jusqu'au retour d'exil de M. Papineau, en 1847, il s'isola presque complètement des mouvements des partis dominants.

S'il était resté trop attaché à la politique de l'ancienne chambre, pour participer à la diplomatie d'intrigue et d'expédience qui lui succédait, il était, par cela même, ramené tout entier aux œuvres de dévouement et de patriotisme qui forment la partie la plus richement incidentée de sa vie.

En 1843 s'ouvrit la souscription qui avait pour but de fournir à 58 exilés Canadiens, les moyens de revenir dans le pays, après avoir reçu leur pardon du gouvernement anglais. M. Fabre fut l'un des plus actifs dans l'organisation de " l'Association de la délivrance" et il eut le courage de prendre sur lui une comptabilité qui devait le soumettre à un difficile labeur, pendant cinq longues années. Trésorier et correspondant tout à la fois, M. Fabre eut à tenir compte d'une somme de près de £2,500 qui entrait par fractions de quelques chelins et qui se distribuait, au moyen d'agences à Londres et à

Sydney, entre cinquante-huit personnes, sans compter ce qui passait par les mains de leurs familles en Canada. L'association n'existait pour ainsi dire que par lui ; et les correspondances des exilés avec leurs familles lui passaient généralement par les mains. Les arrangements que nécessitait la traversée de ces malheureux, par une navigation longue et dispendieuse, la condition spéciale, dans laquelle se trouvait chacun d'eux et qui réclamait des soins exceptionels, les embarras d'une correspondance qui avait parfois trois Océans à parcourir, les plaintes et les mécontentements naturels d'hommes qui avaient tant souffert, le va-et-vient de leurs familles, produit par un anxiété non moins naturelle, tout cela contribuait à appesantir le fardeau qu'avait si généreusement accepté M. Fabre. Enfin, on peut dire que ce n'aurait peut-être pas été pour le double de la somme déposée entre les mains de M. Fabre, qu'une maison de commerce eût voulu se charger d'une besogne aussi ardue ; et aucune somme d'argent n'aurait pu procurer une administration aussi soigneusement suivie, aussi scrupuleusement remplie. L'association s'était formée en décembre 1843 et elle fut dissoute, par le retour des exilés et le règlement des comptes, en juillet 1848. Ce règlement ne laissa pas une obole dont l'œil le plus minutieux ait à demander compte. Il a été rendu public, par la presse, et il témoignera longtemps de la probité rigoureuse et du dévouement sans bornes de son auteur.

À peine M. Fabre avait-il terminé cette rude tâche, qu'il devenait le trésorier d'une autre association, à la création de laquelle il avait puissamment contribué et qui existerait encore, si elle n'eût croulé sous les coups de l'envie et du manque absolu de patriotisme d'un certain parti politique.

L'émigration toujours croissante de la jeunesse du pays, aux Etats-Unis et ailleurs, était parvenue à un point si menaçant en 1848, que des jeunes hommes de cœur entreprirent d'y apporter remède, si c'était possible.

D'un autre côté, l'abbé O'Reilley avait réussi, par de touchantes lettres, adressées au journaux de Québec, à attirer l'attention publique sur l'état déplorable dans lequel se trouvaient les colons des Townships qui se trouvent entre les seigneuries et la frontière américaine. La jeunesse dont le cœur généreux bat à l'écho de toutes les plaintes, s'était émue au son d'une voix qui appelait si éloquemment la compassion et la charité. On commença à parler vivement dans les cercles, des moyens qui pourraient arrêter l'émigration et porter en même temps secours à ceux qui souffraient au fond des forêts des Townships de l'Est.

Deux jeunes amis, dont nous avons apprécié le patriotisme et l'esprit pratique, MM. Louis Labrèche-Viger et Charles Laberge, alors avocats ou sur le point de le devenir, se mirent plus spécialement à la recherche de ses moyens et soumirent bientôt à leurs amis, un plan d'association, dont le but était de pourvoir aux deux maux dont se plaignait le pays. Ils avaient facilement observé que l'émigration avait pour principale cause l'encombrement des vieilles seigneuries, et la difficulté pour la jeunesse d'obtenir des établissements ruraux.

Longtemps les terres incultes, mais fertiles, des

Townships avaient été systématiquement fermées par le gouvernement oligarchique auquel avait succédé celui des Canadas Unis. L'exclusion de ces terres avait cessé de droit, mais subsistait encore de fait, en conséquence de l'absence de voies de communication entre elles et les centres de population.

L'association dont MM. Labrèche-Viger et Laberge avaient jeté la base, avait pour objet de fournir des moyens d'établissement à ceux qui voudraient aller s'établir dans les Townships de l'Est, de venir en aide à ceux qui s'y trouvaient déjà et d'agir, par toutes les influences dont pourrait disposer la société, sur la législature et le gouvernement, pour faire pratiquer des voies de communication et rendre l'obtention des terres publiques plus facile et moins dispendieuse.

La publication de ce projet fut accueillie avec la plus grande faveur par le public de toutes les nuances politiques et de toutes les origines, par les autorités civiles et religieuses et par l'unanimité de la presse.

L'association fut promptement organisée, sous les auspices des hommes les plus justement populaires, entre autres de Sa Grandeur l'Evêque actuel de Montréal et de l'Hon. Louis-Joseph Papineau.

Des arrangements avaient été arrêtés entre la société et la Compagnie des Terres, qui possédait les Townships les plus rapprochés des seigneuries et la colonisation du Township de Roxton fut immédiatement commencée. Le noyau de population formé là par l'association a depuis complété l'établissement de ce Township, qui possède actuellement l'apparence d'une vieille paroisse.

Mais le parti envieux qui voulait alors fermer toutes les issues de la vie publique à l'honorable proscrit qui avait retrouvé sa patrie, mais peu de vrais compatriotes, préféra laisser mourir la société d'inanition, plutôt que d'y voir figurer M. Papineau.

La souscription des fonds fut arrêtée dans tout ce parti, la zizanie jeta le découragement dans celui qui protégeait les cheveux blancs de l'illustre chef de l'ancien parti libéral, et l'association tomba bientôt, et avec elle le généreux projet qui avait déjà reçu un si heureux commencement d'exécution.

Comme toujours l'œuvre de la dissolution avait été active et prompte, les sommes souscrites et non payées n'arrivèrent point et M. Fabre dut faire face aux engagements pris par la société avec un coffre à peu près vide. M. Fabre racheta, de sa bourse, la parole de l'association partout où elle était engagée et le tout s'éteignit sans bruit, mais en laissant dans les cœurs autant d'admiration pour la générosité du trésorier que d'amertume contre ceux qui avaient sacrifié les intérêts les plus sacrés à leurs rancunes personnelles.

V.

Si M. Fabre eût été jaloux des faveurs populaires, il eût facilement oublié ces déboires, par le choix que le quartier Est de la ville de Montréal faisait de lui, en 1848, pour le représenter dans le Conseil de Ville.

On avait eu de fréquentes occasions d'apprécier

le génie financier du nouvel édile, pour ne pas en tirer parti dans l'intérêt municipal. M. Fabre fut de suite nommé Président du Comité des Finances, et l'on ne tarda pas à voir ce que pouvait de bien la spécialité remarquable de son talent. D'importantes réformes s'opérèrent bientôt dans ce département et l'année suivante, on le pressa vivement d'accepter la mairie de la cité. Malgré les instances de ses amies et des hommes qui s'étaient toujours rencontrés en hostilité politique avec lui, M. Fabre refusa d'accepter lors de la première séance où il fut question de l'élire, et le vote qu'il donna contre lui-même empêcha la proposition d'être adoptée. Voyant enfin l'embarras que créait son refus, il céda et fut élu, à la seconde séance.

A peine quelques semaines s'étaient-elles écoulées, depuis son élection, que le choléra se déclarait à Montréal et mettait le maire dans la nécessité de vivre presque constamment au milieu des malades, pour lesquels il fallait organiser des moyens de secours. Ni le soin de sa personne, ni l'anxiété de sa famille ne purent lui faire oublier les fonctions pénibles de sa charge.

Les émeutes que créa, dans cette même année, la passation de la loi qui avait pour objet d'indemniser ceux qui avaient souffert durant les troubles politiques de 1837 et 1838, et les tracasseries auxquelles le soumit l'intervention du gouvernement dans la supression de ces émeutes, jointes aux fatigues que lui avait données l'épidémie, firent de ces premiers douze mois de mairie, une des rudes époques de sa vie. Aussi quand arriva l'élection de 1850, il crut réussir à se libérer du lourd fardeau de la mairie, en n'assistant pas à la séance où elle devait avoir lieu. Mais il fut élu malgré cela et il dut servir jusqu'en 1851.

Cette dernière année n'était marquée par aucun évènement exceptionel, M. Fabre put se livrer avec avec plus d'application aux améliorations qu'il croyait pouvoir apporter dans les finances de la cité. Il réorganisa les bureaux, de manière à leur donner une régularité que pouvaient envier les meilleures maisons de commerce et dans cette seule année, il réussit à diminuer la dette de la cité de près de $100,000.

L'esprit de libéralité qui l'avait si souvent distingué, dans la vie privée, se manifesta avec éclat durant sa mairie. Sa vie abstème et son caractère sérieux, lui interdisant la représentation de la table et des fêtes, qui est quelquefois regardée comme une nécessité de la vie officielle, il consacra tous les appointements de sa charge à des œuvres de bienveillance et de charité. Aussi sous quelque rapport que l'on envisage sa conduite, comme premier magistrat de la cité, il a laissé derrière lui de nobles exemples à imiter.

Libérté du poids et des soucis de la vie publique, M. Fabre reprit la vie laborieuse de son commerce et le soin des intérêts du parti politique qu'il avait contribué à former en 1848. Ce parti ayant acquis assez de vigueur pour ajouter une troisième organe aux deux qu'il possédait déjà dans la presse, M. Fabre s'occupa activement de réunir les moyens nécessaires pour fonder un journal qui pût résister à toutes les difficultés d'une longue opposition à la plupart des hommes publics qui avaient ou auraient bientôt en mains l'administration des affaires du Canada. Une suite de faits politiques avaient convaincu le jeune parti, auquel appartenait M. Fabre, que les hommes qu'il se voyait dans la nécessité de combattre à outrance, ne reviendraient jamais à une politique saine et honnête, et que cette opposition ne pouvait avoir de terme probable que dans la disparition de ces hommes de la scène politique.

M. Fabre fut chargé de la direction des affaires financières de cette nouvelle entreprise, s'il n'en fut pas le trésorier immédiat. Et avec sa surveillance assidue et le crédit illimité de son nom, le journal le *Pays* a été assis sur des bases inébranlables. M. Fabre portait à tous les détails de l'administration matérielle et de la rédaction de cette nouvelle feuille l'attention et la sympathie d'un créateur et d'un père. La caisse de fondation avait été confiée à M. Romuald Trudeau, dont la gestion économique, probe et intelligente secondait puissamment les vues de M. Fabre; mais jusqu'à sa mort ce dernier avait exercé une féconde influence sur tous les mouvements industriels et politiques de l'organe démocratique.

Toute la politique de M. Fabre ayant consisté, depuis l'union des Canadas, à poursuivre les travaux de l'ancien parti libéral et à faire porter des fruits aux luttes pénibles du passé, il était facilement ramené au souvenir de ceux qui avaient fait cette rude guerre où l'on jouait sa tête et sa fortune. Quand quelques jeunes hommes, animés d'un pieux sentiment de reconnaissance pour les martyrs de nos discordes politiques, conçurent le projet d'élever des monuments en mémoire des victimes de 1837, 38 et 39, M. Fabre accueillit cette généreuse idée avec bonheur et enthousiasme. Quoique dans l'une des crises fréquentes où le jetait sa débile santé, il se rendit à l'assemblée où devait s'organiser les moyens de réaliser ce témoignage de gratitude, rendu à la valeur et au dévouement malheureux. Il présida cette assemblée et s'il fit encore confier l'administration des fonds à M. Trudeau, son émule en générosité de caractère et de cœur, il n'en continua pas moins à prêter tout le concours de ses travaux et de son influence pour faire réussir le projet.

Depuis cette époque, la vivacité des luttes politiques a tellement absorbé l'esprit public, que l'entreprise à laquelle M. Fabre contribuait avec tant d'ardentes sympathies, a lentement progressée. Mais une somme comparativement considérable est déjà souscrites et versée, et cette bonne œuvre s'accomplira aussitôt que les déblaiement du nouveau cimetière catholique de Montréal auront permis le choix d'un site convenable.

VI.

Les principaux faits de la vie si utilement remplie que j'avais entrepris de tracer, comme un modèle à imiter, pour mes amis de l'Institut, ont été fidèlement extraits de la chronique et des traditions. Dans la relation de grands et petits événements qui vient d'être faite, il s'est glissé des apperçus politiques qui peuvent ne pas convenir à tous ceux qui professent une haute estime pour le caractère privé de M. Fabre, sans partager les opinions pour le succès et la propagation desquelles il a si laborieusement dévoué son temps et une partie de sa fortune. Mais quand il s'agit de rendre à un homme les derniers et pieux devoirs que lui doivent ceux qui survivent, ce serait mal honorer sa mémoire que de laisser planer sur elle un horizon incolore et insignifiant qu'il déchirerait de ses propres mains, s'il en avait le pouvoir. Quand on a été honoré, comme la plupart de ceux qui m'entendent et comme moi-même, de l'amitié et de l'estime d'un cœur aussi plein de bons souhaits, de bienveillants conseils, de fraternelles admonitions, que l'était celui de M. Fabre; quand un homme doué d'aussi fécondes vertus s'est ouvert en toute circonstance et avec la plus extrême franchise, à ceux qu'il admettait dans l'intimité de ses confidences, il y a, pour celui qui vient jeter une fleur sur sa tombe, un devoir qui domine toutes les considérations d'actualité ; c'est celui d'être vrai et entier comme l'a été celui dont on veut perpétuer le souvenir.

Les opinions jetées çà et là dans cette courte esquisse ne sont pas l'expression des sentiments individuels de celui qui la burine ; elles n'y ont trouvé place que comme étant une partie importante du caractère et des dispositions intellectuelles de M. Fabre.

Avec cette rapide apologie que je crois devoir offrir aux adversaires des idées politiques de M. Fabre, j'arrive à l'événement fatal qui a privé le pays, la société de Montréal et cette association plus spécialement des services de notre ami commun.

Depuis longtemps, M. Fabre souffrait du mauvais vouloir d'un estomac rebelle, auquel les soins assidus, les voyages, les bains de mer et les distractions d'aucun genre n'avaient pu donner des facultés suffisamment digestives. L'épidémie encore existante parmi nous avait contribué à compliquer les difficultés, en donnant à sa constitution excessivement nerveuse, des susceptibilités insurmontables. Sa sensibilité morale encore plus impressionnable que ses nerfs indociles, le jetait facilement dans des alarmes sans motifs. Aussi les craintes que lui inspirait la santé des membres de sa famille, le chagrin que laissaient chez lui, les amis que l'épidémie enlevait d'auprès de lui tout contribua à disposer son économie physique à cet état de prostration pendant lequel le fléau qui nous décime exerce de si cruels ravages.

Mardi le 11 juillet il fut pris d'une indisposition qui ne devint alarmante que vendredi matin, le 14. Les symptômes ordinaires du choléra se manifestèrent alors et l'affaiblirent tellement qu'il s'évanouit sur son sofas. Il fut plus tard pris de vomissements et de crampes, et vers 3h. de l'après-midi il était considéré dans un extrême danger. Son état devint peu après bien meilleur; il fut tel pendant toute la nuit et le jour suivant jusque vers 4h. Les symptômes du choléra avaient disparu alors, en le laissant dans une grande faiblesse. Il devint alors très nerveux. Ce saisissement nerveux dans son état d'extrême faiblesse lui fut fatal, et à minuit et demi, sans souffrance, sans agonie et ayant conservé sa connaissance presque jusqu'à la fin, il rendit son âme à Dieu.

La vie s'était imperceptiblement éteinte, et

l'adieu commencé sur la terre se terminait dans une vie meilleure.

M. Fabre laisse une famille peu nombreuse, mais dirigée de manière à perpétuer le souvenir de ses vertus. Sur cinp enfants, l'un est engagé dans les hautes et dignes fonctions du sacerdoce, un autre est au milieu des membres de l'Institut, où ses talents ont déjà fait concevoir de belles espérances, une troisième, la dame du représentant du comté de Verchères, G. E. Cartier, écr., répand le charme de ses humbles et douces vertus de mère, dans les cercles de famille;—quand aux deux derniers, ils sont dans un âge qui reclame encore les privautés maternelles et ils partageront avec leurs ainés les soins affectuèux de la tendre mère qui veillera désormais seule à l'avenir sur cette bonne famille.

Les traits particuliers du caractère de M. Fabre ont dû ressortir des faits qui forment les principaux épisodes de sa vie. On a du y remarquer sa persévérance à toute épreuve, sa constance inébranlable, dans les événements qui auraient jeté le découragement dans tant de cœurs, la consistance politique la plus rudement éprouvée, l'aménité naturelle et non étudiée de son caractère, la délicatesse la plus exquise dans les procédés, la franchise la plus explicite, dans toutes les relations de la vie; une régularité mathématique dans les affaires, un soin scrupuleux de tous les intérêts qui étaient confiés.

Mais ce qu'on ne pouvait bien apprécier que dans le commerce intime de son amitié, c'était sa connaissance approfondie des hommes et du cœur humain, et une telle perspicacité dans la signification des faits qu'il semblait par fois doué des facultés d'une seconde vue.

Jamais ou bien rarement se trompa-t-il sur le caractère d'un homme et sur la portée des mouvements de parti.

Dès avant 1837, il présageait, de l'isolement dans lequel se renfermaient certains hommes, ce qu'ils feraient à dix années de distance, et ses prévisions se sont réalisées à la lettre. En politique, il n'y avait pas de stratégie assez savante pour tromper son œil exercé. Il savait déchirer les subterfuges et les palliatifs, éventer les mines et déjouer les embuches, et en toute choses il voyait de loin et juste. Il était du petit nombre d'homme qui observent ce qu'ils voient et qui en font leur profit.

S'il était permis en terminant de faire une rapide allusion à la politique du jour, j'exprimerais le regrait que partagent un si grand nombre des amis de M. Fabre, de voir qu'après avoir traversé des époques si épineuses dans sa vie, après avoir passé par les déboires de nos anciennes luttes, après avoir subi les humiliations et les tracasseries incessantes des sept ou huit dernières années,
— il ait été enlevé à cette vie, précisément dans le temps où ses travaux recevaient une éclatante et juste rétribution, par l'élection d'un si grand nombre de ses amis et de ses élèves à la représentation nationale. La tardive revanche de voir flotter son drapeau sous un si beau vent eut jeté sur ses derniers moments la suprême consolation qui faisait sourire Wolfe, quand il expirait sur les Plaines d'Abraham, après avoir appris que ses armes étaient victorieuses. Quinze jours de plus, et il eut obtenu

dans cette vie la récompense de ses longs travaux, et vu l'aube des jours qu'il appelait de toutes ses aspirations.

....

VII.

Permettez-moi maintenant de laisser dire, par une bouche dont l'éloquence a si souvent et si longtemps électrisé nos compatriotes, ce qu'il y avait de grand et de noble dans le caractère de M. Fabre. A l'heure où je recevais l'honnorable mission de crayonner les principaux évènements de sa vie, je recevais de son constant et chaleureux ami, de son compagnon d'armes dans les luttes constitutionnelles, de son frère de cœur, Louis Joseph Papineau, une lettre où respire le plus profond sentiment d'amitié, — de cette amitié qui survit aux chocs des revers et des douloureuses vicissitudes du sort.

Petite Nation, 24 *juillet* 1854.

Mon cher monsieur,

Je m'empresse de répondre à la lettre par laquelle vous m'informez que vous êtes sur le point de publier quelques détails biographiques, consacrés à la mémoire du sincère ami que je viens de perdre, du vertueux citoyen que vient de perdre la société canadienne, dans la personne de M. Fabre.

L'horrible fléau qui revient pour la quatrième fois depuis 1832 ravager Montréal, ne pouvait faire un choix plus douloureux pour mon cœur tout meurtri, et si souvent froissé dans ces derniers temps;

ne pouvait enlever à la patrie, dans la vigueur de l'âge et de la plus active utilité, un fils plus dévoué et plus précieux: précieux par l'ardeur du patriotisme le plus pur et le plus désintéressé ; par l'étendue de ses services et de ses libéralités abondantes et toujours renaissantes pour cause d'utilité publique, dont beaucoup plus furent cachées comme celles de la vraie charité, ne furent connues que du cercle étroit de ses plus intimes amis, dont j'avais le bonheur de faire partie ; précieux surtout par le rare et noble exemple qu'il lègue à ceux qui lui survivent, d'une persévérance inflexible dans cette foi politique que nous avions embrassée d'élan dans la jeunesse, et après examen réfléchi dans l'âge mûr, et que nous n'avons pas cessé de professer, quand tant d'autres de nos contemporains l'ont désertée, parce que la lutte était trop longue et périlleuse ; ou qui l'ont trahie, quand la trahison a été récompensée ; quand il ne leur a plus fallu prendre leurs inspirations dans l'amour pour le Canada, pour ses institutions et ses droits, mais dans la soumission aveugle aux injonctions de l'Angleterre quelles qu'elles fussent, jusqu'à louer l'Union des Canadas, l'informe constitution qui les régit, imposées contre les sentiments connus des majorités.

Des vertus publiques et privées de M. Fabre furent trop réelles et trop fortes pour s'afficher, pour mendier à la presse des éloges qu'il mérita toujours et qu'elle ne lui départit que trop rarement. Il se contenta de faire le bien par amour du devoir, sans chercher l'éloge, ni d'autre approbation, ni d'autres approbateurs que le témoignage de sa conscience. Par son application, par sa connaissance des affaires, par ses études suivies des évènements publics et de l'histoire politique du pays; par la droiture de son jugement, il eût brillé dans le sénat et dans les conseils, s'il eût désiré y entrer, plus que bien d'autres qui par d'ambitieuses intrigues l'ont dépassé et remplacé dans la vie publique.

Pendant les longues années d'épreuves et de luttes pénibles que le peuple armé de son bon droit eut à soutenir contre la bureaucratie administrative, universellement appuyée par tout le haut commerce qui, à cette époque, était exclusivement entre les mains des Européens, formant une oligarchie riche, puissante, hostile aux droits populaires, forte ici et fortement appuyée par une métropole dont seuls ils avaient l'oreille et les partiales prédilections, il fallut d'immenses sacrifices, de temps, de travail et d'argent, de la part d'une poignée d'hommes dévoués au service de la patrie. Personne dans cette phalange d'élite, ne fut plus actif et plus prodigue de son temps et de sa bourse que M. Fabre. La presse indépendante sans cesse menacée de poursuites qui devaient la ruiner, enlevée quelques fois à la pointe de la bayonnette sans indemnité possible, avec peu de circulation par le peu d'éducation qu'il y avait alors dans le pays, sans le moindre profit provenant d'avertissements, parce qu'elle était odieuses au gouvernement et au haut commerce, qui seuls alors publiaient des avis, ne suffisaient jamais à ses dépenses, et en appelait incessamment au généreux dévouement d'hommes comme M. Fabre. Aussi fut-il plus souvent qu'aucun autre le trésorier général de cette presse, des comités électoraux, des commissions pour des missions populaires comme aussi pour des associations de bienveillance et de charité ; et souvent quand le dépôt fut épuisé, quand le trésor fut vide, le tresorier paya de ses propres ressources.

Directeur de la *Minerve* et du *Vindicator* en 1837, comme du *Pays* depuis sa fondation ; magistrat en chef de la cité en même temps que membre actif parmi la jeunesse de l'Institut ; trésorier puis contribuable de fortes balance en mille occasions, nommément dans l'*Association de la Délivrance* qui rendit à leur pays et à leurs familles nos frères exilés dans l'Australie ; cet éminent citoyen fut toujours au premier rang entre les plus zélés à promouvoir le bien-être de ceux qui souffraient, à encourager l'éducation et à défendre les droits du pays, sans nulle pensée que ses généreux efforts dussent jamais lui profiter à lui, mais alors qu'au contraire il savait que cet amour de la justice pour ses compatriotes provoquerait les persécutions du pouvoir, dont en effet il éprouva sa grande part à différentes reprises.

Ce sont ses services désintéressés, continuels et considérables, rendus pendant une longue suite d'années à la patrie canadienne, qui doivent faire respecter et bénir hautement sa mémoire dans un long avenir, et par là donner à la respectable famille qui souffre cette perte irréparable, quelqu'adoucissement à ses peines. On le doit d'autant plus que pendant sa vie, l'extrême modestie avec laquelle il fut prodigue de faire du bien en toute occasion où il le put faire, en déroba souvent la connaissance à la juste gratitude de ses concitoyens.

Tant de zèle pour le bien public et tant de modestie sont une trop rare réunion des plus belles vertus, pour ne les pas offrir comme un exemple à étudier et à copier par la patriotique jeunesse qui va entrer à son tour dans la carrière que M. Fabre a parcourue avec tant d'honneur pour lui-même et avec avantage pour ses concitoyens. Elle y entre dans des circonstances plus heureuses que celles où furent placés ses devanciers. Ce qu'elle y trouvera de facilités ils ont aidé à les lui préparer. Elle aura des honneurs et des emplois à y recueillir ; ses ainés n'y attendaient que des déboires personnels. Elle aura à éviter les écueils de l'ambition et du pouvoir. Qu'elle soit modeste et désintéressée comme le fut l'ami que je pleure, comme le fut le citoyen patriote qui mérite tous ses regrets, et elle saura posséder des emplois et exercer le pouvoir sans aucune vue d'avantages égoïstes, avec l'inquiétude de la responsabilité devant Dieu et devant les hommes, qui est attachée à l'exercice du pouvoir délégué pour assurer justice à tous, et promouvoir par des sacrifices personnels le plus grand bien du plus grand nombre.

Après l'accomplissement du devoir, l'un des plus puissants motifs d'encouragement pour M. Fabre et ses colloborateurs dans des champs épineux et stériles alors, fut sans doute l'espoir que leur mémoire serait honorée après eux. Cette espérance ne sera pas deçue pour le noble ami que vous et moi et tant d'autres pleurons sincèrement. Votre plume habile, qui si récemment consacra le souvenir d'un autre de mes frères, va appeler sur cette nouvelle tombe, les justes regrets et les profondes douleurs de tous les citoyens, à qui vous parlerez des services et des mérites du grand citoyen qu'ils ont perdu. Les sympathies que cet appel groupera autour de cette tombe, seront un autre monument plus digne, plus durable que la pierre et le ciseau n'en sauraient élever.

Agréez-en mes vifs remerciments.
Je suis avec entière estime
et reconnaissance,
Votre bien affectionné serviteur et ami,

L. J. PAPINEAU.

Joseph Doutre, écr., avocat, Montréal.

Messieurs de l'Institut,

Les années qui ont passé sur nous, depuis que durent les relations fraternelles qui nous unissent, nous ont appris à raisonner sur ce que nous savions déjà d'instinct, dans l'âge tendre où nous organisions notre jeune et vigoureuse phalange. Nous avons constaté combien notre cœur disait vrai lorsque nous fondions nos espérances d'avenir sur la pratique et le respect des vertus civiques. Pendant que nous travaillions à donner de la vigueur à la société et de la permanence à l'utile école d'instruction mutuelle qui réunit la jeunesse sur les bancs de cette enceinte, nous avons rencontré des detracteurs et des envieux. Si nous sommes parvenus à faire taire ceux qui cherchaient à jeter une barrière devant nous, c'est que, comme corps, nous n'avons jamais négligé pour un instant le culte de l'honneur et des vertus publiques et privées. De profonds penseurs, qui avaient étudié le caractère de l'homme dans le livre ouvert de son cœur et de ses actes, ont souvent exprimé le peu d'espérances qu'il fallait concevoir des adolescents qui sont trop adonnés à une sagesse précoce. Nous avons agi d'après cette observation ; nous avons facilement pardonné à la jeunesse les distractions qui sont nécessaires au développement de ses facultés intellectuelles et physiques. Mais dans l'enivrement même de ces distractions, nous avons sans cesse honoré ceux qui ont dignement rempli les devoirs de leur âge mur.

Continuons, mes amis, à écouter la voix de notre conscience ; et en attendant qu'il soit permis à chacun de nous de donner l'exemple d'une carrière laborieusement et honorablement remplie, proclamons hautement le mérite de ceux qui, à l'instar de M. Fabre, nous devancent dans cette voie. Qu'il y ait toujours, parmi nous, une voix qui se fasse l'interprète de nos sentiments communs de gratitude et de bons souvenirs, pour les cœurs généreux qui nous tracent le sillon des bonnes œuvres. Que le devoir que je viens d'accomplir, pour l'un des membres les plus distingués de la famille canadienne et de cette société, se poursuive sans relâche, pour nous-mêmes et ceux qui nous succèderont, afin que nous puissions laisser à nos enfants une chaine non interrompue et brillamment constellée de noms à vénérer et de modèles à imiter.

DONS FAITS

A

L'INSTITUT-CANADIEN.

La reconnaissance nous impose l'obligation de mentionner les noms de ceux qui ont contribué, tant par des argents que par des dons de livres, au développement de l'Institut-Canadien. Les uns ont contribué à lui donner cette force physique que nous lui connaissons aujourd'hui, en en faisant une institution comfortable sous tous les rapports. Les autres lui ont donné cette force morale qui fait marcher vers la civilisation, et qui apprend à chaque citoyen ce qu'il doit à son pays, à ceux qui l'entourent et à lui-même. De tous ces dons qui pris séparément sont peu de choses, s'est formé ce grand soleil qui répand sa lumière sur plus de 700. Delà le grand avantage d'être unis. Espérons que d'autres personnes voudront bien joindre leurs noms à ceux des personnes généreuses qui ont travaillé à faire l'Institut-Canadien ce qu'il est aujourd'hui.

INSTITUT-CANADIEN.

RAPPORT DU COMITÉ DE RÉGIE,

AUX MEMBRES DE L'INSTITUT-CANADIEN.

Messieurs,—Votre Comité de Régie, conformément à votre demande, a l'honneur de faire le rapport suivant : 1o. Sur l'état des finances de l'Institut, 2o. Sur l'état de la bibliothèque et de la chambre de lecture, 3o. Sur le nombre des membres de l'Institut.

FINANCES.

La caisse comprend les fonds ordinaires provenant des contributions annuelles des membres, et les fonds souscrits pour l'acquisition et construction d'une bâtisse à l'usage de l'Institut.

Depuis le mois de janvier dernier jusqu'au 23 du courant, les recettes de l'Institut sont comme suit :

Reçu à compte des souscriptions au fonds de la bâtisse...............	£628	0	0
Fonds en caisse en avril...........	54	0	0
Produits divers..................	13	0	0
Loyer de l'ancienne Salle de l'Institut.	7	10	0
Contributions des membres depuis avril dernier jusqu'au 1er du courant.....	87	0	0
	£784	10	0

Les dépenses durant la même période sont comme suit :

Payé, 1er paiement sur la bâtisse acquise de M. Montmarquet........	£500	0	0
Intérêt sur cette somme..........	6	10	0
Pour assurance................	6	12	6
Pour réparation, ameublement, etc....	199	7	1
Dépenses courantes, salaire du Gardien, poste etc................	48	1	11
En caisse....................	28	18	6
	£789	10	0

Les réparation et l'ameublement de la nouvelle bâtisse de l'Institut ont coûté une somme de £250 2 9, sur laquelle il a été payé à compte celle de £199 7 1, ainsi qu'on le voit dans le compte des dépenses. Cette somme ajoutée au prix de la bâtisse en élève le coût à la somme de £2,250 2 9, sur laquelle il est dû une balance de £1,550 15 8, payable par terme.

Autant pour vous faire connaître les personnes généreuses auxquelles l'Institut-Canadien devra sa reconnaissance, que pour faire voir les moyens que l'Institut possède pour rencontrer ses engagements, votre Comité vous soumet une liste des souscripteurs au fonds de la bâtisse.

	£	s.	d.
Augé, J. L...................	5	0	0
Arel, Léon..................	1	5	0
Atwater, Edwin..............	2	10	0
Brillon, J. B.................	1	0	0
Buxton, Cr..................	1	10	0

Burcau, J. O.	5	0	0
Beïque, J. F.	2	10	0
Brunet, D. W.	1	0	0
Brazeau, F. X.	7	10	0
Brault, F. X.	2	10	0
Bruneau, Ad.	2	10	0
Bleau, L.	2	10	0
Boyer, Dr.	2	10	0
Barthelot, Jules R.	10	0	0
Bétournay, Ls.	25	0	0
Beaudry, Jos.	5	0	0
Bélinge, F. M.	5	0	0
Bruneau, Jean	25	0	0
Boivin, L. P.	12	0	0
Boulet, P.	1	0	0
Beliveau, L. J.	12	10	0
Bruneau, C.	1	0	0
Brouillet, P. C.	1	0	0
Blanchard, L. B.	1	0	0
Bourret, Michel	1	0	0
Boyer, Louis	5	0	0
Boucher, T.	5	0	0
Badeaux, P. B.	10	0	0
Belle, C. E.	5	0	0
Barbeau, L. C.	5	0	0
Bernard, L. D.	2	10	0
Bouthillier, T.	5	0	0
Bibaud, J. G. Dr.	5	0	0
Barsalou, J.	5	0	0
Bouthillier, Jude	2	10	0
Boulanget, J.	7	10	0
Bondy, A. D.	1	0	0
Badgley, W.	5	0	0

Cassidy, F.	15	0	0
Coursolles, T. G.	12	10	0
Comte, A.	5	0	0
Coursol, Chs. J.	15	0	0
Cressé, A. B.	7	10	0
Cyr, Narcisse.	10	0	0
Chagnon, T.	2	10	0
Chapeleau, Z.	3	0	0
Cherrier, Adolphe.	2	0	0
Couillard, A.	5	0	0
Cassidy, John.	5	0	0
Cinq-Mars, P. G. M.	12	10	0
Cinq-Mars, Ls.	1	0	0
Clarke, Henry J.	5	0	0
Cuvillier, Maurice.	7	10	0
Daoust, Chs.	25	0	0
DeBoucherville, Hon. P.	11	5	0
Defoy, J. A.	5	10	0
DeMontigny, F. X.	2	10	0
Doutre, Joseph.	25	0	0
Durand, F. J.	2	0	0
Dorion, V. P. W.	15	2	0
Dorion, J. B. E.	25	0	0
DeMontigny, C. J. N.	3	0	0
Desrivières, J. F. M.	5	0	0
Desjardins, J. M.	5	0	0
Doutre, Léon.	12	10	0
Desrochers et Parent.	5	0	0
Dorion, A. A.	25	0	0
DeWitt, Jacob.	10	0	0
Delisle, A. M.	20	0	0
Desrosiers, Ls.	2	10	0
Dumouchel, Thos.	1	10	0

Desrosiers, L. A..............	3	0	0
Daley, Jos. H.................	12	10	0
Doray, Amable................	1	0	0
Dansereau, P..................	1	0	0
Doré, T.......................	2	10	0
Doucet, T.....................	5	0	0
Dubois, L. G..................	1	0	0
Dubord, A. P. S...............	5	0	0
Duvert, Hector................	5	0	0
DeBeaujeu, Hon...............	10	0	0
Emery-Coderre, J..............	10	0	0
Emery, M.....................	10	0	0
Francœur et Giroux............	10	0	0
Fabre, E. R...................	25	0	0
Ferté, J. E. Dr................	5	0	0
Franchére, J.-B................	1	0	0
Franchère, L. O...............	5	0	0
Fauteux, L. G.................	10	0	0
Fournier, Ed..................	1	5	0
Forbes, H. E..................	5	0	0
Frothingham et Workman......	12	10	0
Gendron, P....................	12	10	0
Gravel, J. A...................	12	10	0
Guibord, Joseph...............	2	10	0
Grenier, E. F..................	5	0	0
Gariépy, Jean..................	15	0	0
Gagnon, B.....................	1	0	0
Gibaud, Narcisse...............	1	0	0
Gallarati, Achille...............	2	0	0
Gœdike, D. B..................	2	10	0
Généreux, George..............	1	0	0
Galibert et Frère...............	3	0	0
Gauthier, Ed..................	5	0	0

Gillespie, Moffat et Cie	12	10	0
Hua, Paul	5	0	0
Hurtubise, H	2	10	0
Hérard, J. B	15	0	0
Haldimand, J. W	10	0	0
Hudon, Pierre	5	0	0
Hébert, Chs	1	0	0
Hudon, E	10	0	0
Holmes, Benj	5	0	0
Jodoin, Pierre	25	0	0
Jodoin, Amable, Sen	5	0	0
Jodoin, A. Jun	12	10	0
Lamontagne, G. J	2	10	0
Lafond, J. E	15	0	0
Lamontagne, C. H	12	0	0
Lemay, Louis	5	0	0
Lynch, A	5	0	0
Lafrenaye, P. R	15	0	0
Labelle, J. B	5	0	0
Laflamme, R	10	0	0
Laliberté, Ovide	2	10	0
Lacroix, H	3	15	0
Levy, Joseph	1	5	0
Leduc, Edmond	1	0	0
Laberge, Charles	25	0	0
Leblanc, C. E	5	0	0
Leblanc, L	5	0	0
Lazure, Louis	5	0	0
Leclaire, Isidore	3	0	0
Laframboise, A	12	10	0
Leclaire, Frs	12	10	0
Letourneux, J. T	1	10	0
Lefebvre, Frs	1	5	0

Leclaire, John	1	0	0
Loranger, J. M	1	0	0
Lord, A. G	2	10	0
Lappare, H	1	0	0
Léonard, Frs	1	0	0
Lamoureux, F	1	0	0
Lafrenière, J. O	1	0	0
Lyman, Henry	2	10	0
Laviolette, J. G	10	0	0
Leprohon, E. M	12	10	0
Leblanc, G	5	0	0
Loranger, T. J. J	7	10	0
Un Ami	2	10	0
Martin, S	5	0	0
Melançon, C	5	0	0
Marchessault, L	5	0	0
Morin, G. E	7	10	0
Masson, W. A. R	25	0	0
Marchand, L. W	5	0	0
Marchand, Chs	1	0	0
Murphy, P. S	2	0	0
Morin, P. H	5	0	0
Martin, P. P	1	0	0
Morin, Louis	5	0	0
Mercier, E	2	10	0
Moses, Michel	2	10	0
Mousseau, A	12	10	0
McCullum, Chs	2	10	0
Merrill, H. et H	15	0	0
Marchand, Louis	12	10	0
Morle, J. S	1	0	0
Malhiot, J. E	2	10	0
Masson, Ed	25	0	0

Meilleur, Dr. S. E.	1	0	0
McGill, Peter	6	5	0
Un Ami	2	5	0
Nelson, Dr. Alfred	2	10	0
Nault, D.	2	10	0
Ouellette, Abr	2	10	0
Ouellette, Thomas	3	0	0
Plamondon, Louis	15	0	0
Piché, Léon	5	0	0
Pariseau, C. E.	2	10	0
Papineau, D. E. et C. F.	40	0	0
Pominville, F. P.	5	0	0
Payette, T. Chs.	2	0	0
Perrault, Louis	13	12	0
Papineau, L. J. A	5	0	0
Picault, P. E.	5	0	0
Papin, Joseph	25	0	0
Pacaud' E. L.	30	0	0
Prévost, Rémi	5	0	0
Painchaud, Octave	3	0	0
Pages, E.	1	5	0
Pratt, C. P.	3	0	0
Pattenaude, C.	1	0	0
Prévost, Amable	10	0	0
Pratt, Edovaad	1	5	0
Papineau, J. M.	1	5	0
Pratt, John	3	0	0
Quevillon, Chs.	12	0	0
Rolland, J. B.	3	0	0
Rottot, J. P.	1	5	0
Roy, Philias	1	5	6
Règnier, A. F	2	0	0
Roy, E.	10	0	0

icard Louis....................	12	10	0
oy, Rouer.....................	10	0	0
Racicot, A. L.................	1	0	0
ambau, A....................	12	10	0
Roy, L. F. N..................	2	10	0
Roy, Adolphe.................	12	10	0
Robert, J. E..................	1	10	6
Rivet, L......................	2	10	0
Roy, Chs. D..................	15	0	0
St. Jean, Fleury..............	12	10	0
St. Jean, Romain.............	2	0	0
St. Amand, A.................	5	0	0
Spénard, C. C................	2	10	0
Sabourin, C. Dr..............	10	0	0
Smyth, W. F.................	5	0	0
Ste. Marie, J. B..............	2	10	0
Starnes, G. E................	5	0	0
Siméon, Louis................	2	10	0
Starnes, Henry...............	12	10	0
Stuart, Charles...............	2	10	0
Shiller, C. E..................	1	5	0
Tavernier, L. F. Dr...........	10	0	0
Trudeau, P...................	2	10	0
Turcot, R.....................	1	5	0
Trudeau, R...................	15	0	0
Trudeau, Joseph..............	5	0	0
Trudeau, N...................	2	10	0
Tison, J. B...................	2	10	0
Tellier, A.....................	10	0	0
Terroux, Janv................	7	10	0
Vallée, G. G..................	2	10	0
Wurtele, J....................	5	0	0
Weilbrenner, Avila............	1	0	0

Wilson, E.............................	1	0	0
Wilson, Ths...........................	5	0	0
Weeùs, Geo...........................	2	10	0
Wilson, Chs...........................	5	0	0

Les occupations personnelles des membres du Comité ne leur ont permis de voir qu'une partie des personnes qui sont connues comme bien disposées envers l'Institut; et il est à espérer que le travail de la souscription sera continué aussitôt que possible. Néanmoins, le montant de souscriptions faites est de £1,583 15 0, dont £1,000 0 0 à peu près ont été souscrins parmi les membres de l'Institut-Canadien. Sur cette somme, £628 0 0 ont été payés, laissant une balance de £955 15 0 à l'avoir de l'Institut et à être collectée aux termes des souscriptions. En supposant que toute cette somme soit payée, il manquerait à l'Iustitut une somme de £595 0 0 pour effectuer le paiement de la balance due sur la bâtisse et les réparations qu'elle a subies. L'Institut ne doit rien négliger pour se hâter d'éteindre cette dette, qui porte intérêt à six pour cent, formant £90 0 0 pour l'anné courante.

Les projets d'agrandissement qui sont nourits par les membres de l'Institut, depuis la fondation de leur association, et qui ont pour objet d'ouvrir des cours public sur les différentes branches des sciences naturelles et physiques, sur la littérature, ne pourront que difficilement se réaliser, tant que cette dette pèsera sur l'Institut.

Votre Comité a l'espoir que la Législature nous viendra en aide pour nous mettre en état de commencer bientôt les améliorations désirées. Dans l'opinion de Votre Comité, il faut au moins une somme égale à celle déjà souscrite (£ ,500 0 0) pour parvenir à cette fin ; et il est à espérer que le Comité qui sortira des prochaines élections ne négligera rien pour procurer cette somme à l'Institut.

BIBLIOTHÈQUE ET CHAMBRE DE LECTURE.

La Bibliothèque de l'Institut-Canadien se compose de 3,000 volumes, dont la plupart sont en langues française et anglaise ; il s'en trouve un certain nombre en langues latine, grecque, espagnole, italienne, allemande et indienne. L'Institut possède outre cela plus de deux cents pamphlets.

L'Institut reçoit dans ses Salles de Lecture 83 journaux des différentes parties du pays, des Etats-Unis et d'Europe.

LES MEMBRES

Le nombre des Membres Actifs de l'Institut est de 610, indépendamment des Membres Correspondants.

Le tout néanmoins humblement soumis,

J. EMERY-CODERRE, *Président,*
M. EMERY, 1*er Vice-Présodent,*
CHS. DAOUST, 2*nd Vice-Président,*
R. TRUDEAU, *Trésorier,*
H. FABRE, *Sect. Correspondant*
P. A. FAUTEUX, *Secrétaire Arch.,*
T. CHAGNON, *Asit. Sect. Arch.*
T. C. RACICOT, *Bibliothécaire.*

} Membres du Comité.

(Par ordre,)   P. A. FAUTEUX,
Secrétaire Archiviste I.-C.

Montréal, 28 septembre 1854.

DONS DE LIVRES

FAITS A

L'INSTITUT-CANADIEN.

Dr. O'Callaghan	15
G. Desbarats	2
S. Martin	3
Par souscription	26
G. Vallée	5
A. St. Amand	1
Louis Perrault	3
Charles Picault	4
N. Cyr	24
A. Panneton	1
O. Beauchemin	2
J. R. Berthelot	2
Chs. Coursol	4
Chs. Gravel	5
W. Têtu	1
Z. Chapeleau	2
G. Lapointe	1
D'un Ami de l'Institut	1
W. Hallock	51
P. Blanchet	26

J. J. E. Bibaud	20
D'un Ami	16
A. Weilbrenner	5
E. Masseras	5
L. G. Dubois	2
D'un Ami	1
J. E. Ferté	2
D'un Ami	7
D'un Ami	1
W. McDougall	3
Dr. G. Vallée	14
N. Cinq-Mars	2
Dr. Valois, M. P. P.	3
Jos. De Montigny	3
Beauchemin et Payette	1
A. Cardinal	1
et plusieurs Documents Parlementaires.	
W. Gunn	1
Hector Fabre	3
J. C. N. De Montigny	3
J. A. Hawley	33
Jacob DeWitt	5
Fleury St. Jean	16
Jos. Doutre	8
A. Bleau	4
G. De Laronde	3
Luc Marchessault	7
John Redpath	4
O. Perrault	1
C. Têtu	1
G. Lemaître	5
C. H. Pariseau	3
C. Boudreau	1

C. A. Généreux	5
J.-B. E. Dorion	4
A. H. Reaves	1
J. Barsalou	2
Ls. Desrosiers	4
C. C. Spénard	1
L. E. Morin	2
P. Lapointe	1
Tancrède Gariépy	3
G. Bérubé	6
De divers Amis de l'Institut	133
Ls. Betournay	8
N. Cyr	7
Jos. Aussem	2
E. L. Pacault	44
Jean Gariépy	2
C. Thériault	2
A. Weilbrenner	6
John Leclair	10
R. MacKay	2
G. Desbarats	3
A. Mousseau	39
D. Francœur	8
L. G. Leblanc	1
Dr. Tavernier	17
Dr. Valois, M. P. P.	11
T. C. Keefer	1
M. S. Martin	3
P. R. Lafrenaye	10
George Batchelor, de New-York	1
J. H. Jobin, M. P. P.	11
Ludger LeBlanc	1
T. Lefèvre	1

H. Lavender	2
E. R. Fabre	80
O. Giroux	19
P. O. Trudeau	19
De plusieurs Membres de l'Institut, par souscription	6
Jos. Doutre	1
J. A. Hawley	7
F. H. Cherrier	2
F. Bowhlé	10
A. Ricard	1
R. Laflamme	2
C. M. Delisle	13
Ths. Souci	2
Ed. Masson	13
F. M. H. Ossaye	1
Dr. Meilleur	4
Jos. H. Prairie	3
P. Gauthier	1
N. G. Bourbonnière	1
J. B. Tison	2
J. E. Ferté	2
Louis Papineau	3
A. Dubord	6
J. B. Hérard	1
J. Leclaire	18
J. C. E. Bibaud	4
P. Blanchet	19
C. Lacroix	22
M. G. Bérubé	4
Capt. John Ryan	1
Léandre Franchère	3
A. Bleau	4

Gaspard Denis DeLaronde	3
J. A. Hawley	31
Luc Marchessault	7
John Redpath	4
Joseph Doutre	1
Ls. Desrosiers	4
C. C. Spénard	1
L. Ed. Morin	2
P. Lapointe	1
Tancrède Gariépy	2
G. B. Bérubé de Chatham	6
L. J. Bérubé	1
Z. Chapeleau	1
D'un Ami de l'Institut	2
N. Cyr	2
J. DeMontigny	3
D'Amis de l'Institut	4
Ls. Bétournay	3
Jos. Aussem	8
D'un Ami de l'Institut	1
E. L. Pacault	7
J. Martin	1
Chs Lamontagne	1
Lane Gariépy	
C. Thériault	1
A. Weilbrenner	6
John Leclaire	10
D'un Ami de l'Institut	2
G. Desbarats	2
A. Mousseau	29
D. Francœur	8
Fleury St. Jean	14
J. H. Jobin M. P. P.	5

Tancrède Gariépy	1
Dr. Valois, M. P. P.	8
Dr. F. Tavernier	17
N. Valois, M. P. P.	10
N. Cyr	1
T. E. Keefer	1
S. Martin	1
P. R. Lafrenaye	1
G. Batchelor de New-York	1
J. H. Jobin M. P. P.	2
S. Martin	2
Ludger Leblanc	1
T. Lefèbvre	1
P. R. Lafrenaye	3
Henry Lavender	82
O. Giroux	18
P. O. Trudeau	2
N. Cyr	1
L. J. Longpré	7
Par souscription	6
J. H. Jobin M. P. P.	2
John Redpath	2
Jos. Doutre	1
J. A. Hawley	7
E. L. Pacault	27
N. Cyr	2
J. H. Jobin M. P. P.	3
D'un Ami de l'Institut	12
G. H. Cherrier	9
A. Ricard	1
R. Laflamme	2
C. M. Delisle	13
Thos. Souci	2

Frs. Bowhlé	1
P. O. Trudeau	3
D'un Ami de l'Institut	1
J. H. Jobin M. P. P.	2
P. O. Trudeau	2
M. Ed. Masson	18
F. M. H. Ossaye	1
N. Cyr	1
Dr. Meilleur	4
J. H. Jobin M. P. P.	1
G. H. Cherrier	3
Jos. H. Prairie	3
H. Laparre	17
P. Gauthier	3
N. G. Bourbonnière	1
J. B. Tison	3
Beauchemin et Payette	6
J. E. Ferté	2
Louis Ulric Papineau	3
P. O. Trudeau	1
De trois Amis de l'Institut	7
A. Dubord	6
Ls. Betournay	5
J. B. Hérard	1
J. Ceclaire	12
Capt. John Ryan	1
P. O Trudeau	2
De deux Amis de l'Institut	2
J. Leclaire	6
L. Franchère	3
J. J. E. Bibaud	12
D. E. Papineau N. P.	7
P. O. Trudeau	

Chs. Lacroix	25
G. Bérubé de Chatham	4
G. Desbarats	1
De deux Amis de l'Institut	22
P. Blanchet	19
D'un Ami de l'Institut	22
Maximilien Bibaud	1
N. Cyr	1
Jos. Doutre	1
Ed. Leduc	2
Jean L. Auger	1
J. L. Bérubé	2
J. J. E. Bibaud	1
N. Pigeon	53
N. Cyr	1
A. Lapierre	4
Chs. Laberge	4
Luc Marchessault	1
L. H. Prairie	6
L. J. A. Papineau	15
J. H. Prairie	6
D'Amis de l'Institut	22
Léon Doutre	4
Fleury St Jean	24
Jos. Doutre	1
Alfred Rambau	2
P. O. Trudeau	3
P. G. Chauveau	2
Ls. Perrault	1
Z. Chapeleau	1
J. J. E. Bibaud	6
A. Trudeau	10
J. B. Franchère	1

O. Leblanc	1
Dr. Z. D. L. Zender	1
L. Perrault	3
Z. Chapeleau	11
N. Valois M. P. P.	1
Dr. Picault	5
John Lovell	1
S. Martin	2
Louis Perrault	2
J. H. Jobin M. P. P.	2
J. N. Plinguet	8
A. Dupré	1
G. M. Gosselin	10
A. A. Dorion M. P. P.	4
Phil. Fontaine	2
D'Amis de l'Institut	12
R. Trudeau	4
B. Dawson	2
J. B. Rolland	4
Beauchemin et Payette	5
R. Coquerelle	5
Par una Demoiselle	4
F. W. Desrivières	3
Dr. Picault	24
P. R. Lafrenaye	3
P. Fontaine	2
T. G. Coursolles	9
R. Trudeau	4
N. G. Bourbonnière	4
H. Laparre	2
C. J. N. DeMontigny	2
Ed. Pratt	26
A. Marsais 3	1

Arthur Lamothe	94
Henri Lacroix	4
Luc Marchessault	31
Alfred Mailhot	7
H. E. Chevalier	1
P. Fontaine	1
DeMontigny Frère	48
Capt. John Ryan	2
A. A. Dorion M. P. P.	4
Jos. Papin M. P. P.	2
P. R. Lafrenaye	2
J. L. Bérubé	3
Ls. Betournay	1
P. Badeau	20
S. Martin	3
D'un Ami de l'Institut	11

INSTITUT-CANADIEN.

LISTE DES PRINCIPAUX OFFICIERS DE L'INSTITUT-CANADIEN, DEPUIS SA FONDATION.

ELECTIONS DE DÉCEMBRE 1844.

Président : A. C. Nelson. (1)
Premier Vice-Président : P. R. Lafrenaye.
Second Vice-Président : Joseph Laurin.
Secrétaire Archiviste : A. Gérin Lajoie.
Assistant Secrétaire Archiviste : M. Allard.
Secrétaire Correspondant : E. Mailhot.
Trésorier : Ed. Fournier.
Bibliothécaire : L. Racine.
Assistant Bibliothécaire : L. Delorme.

(1) A. C. Nelson, naquit à St. Denis, comté de Richelieu. Il fut le premier Président de l'Institut-Canadien et celui qui travailla l'un des premiers à le faire ce qu'il est aujourd'hui.

ELECTIONS D'AVRIL 1845.

Président : A. C. Nelson.
Premier Vice-Président : P. R. Lafrenaye.
Second Vice-Président : A. Gérin Lajoie.
Secrétaire Archiviste : M. Lanctot.
Assistant Secrétaire Archiviste : Chs. Laberge.
Secrétaire Correspondant : L. Delorme.
Trésorier : C. E. Belle.

Bibliothecaire : J. B. E. Dorion.
Assistant Bibliothécaire : G. H. Dumesnil.

ELECTIONS D'AOUT 1845.

Président : A. Gérin Lajoie. (1)
Premier Vice-Président : Joseph Papin.
Second Vice-Président : J. Huston.
Secrétaire Archiviste : L. Labrèche Viger.
Assistant Secrétaire Archiviste : O. Desilets.
Secrétaire Correspondant : G. Batchelor.
Trésorier : P. Blanchet.
Bibliothécaire : V. P. W. Dorion.
Assistant Bibliothécaire : L. Racine.

MEMBRES DU COMISÉ.

A. L. Cardinal, C. E. Belle, A. Lacroix, T. Cassidy.

(1) A. Gérin Lajoie, écr., Avocat, naquit à Yamachiche, district des Trois-Rivières, le 4 août 1825. Après avoir fait ses études au collège de Nicolet, il vint à Montréal en 1844, et travailla à la rédaction de la *Minerve* pendant plusieurs années. Il fut reçut avocat au bareau de Montréal, dans le mois de septembre 1843. Il fut Président de l'Institut-Canadien depuis novembre 1845 jusqu'en novembre 1846. Il est l'auteur d'une tragédie " Le jeune Latour," qu'il composa au collége de Nicolet, et qui fut représentée aux exercises littéraires de cette institution, en 1844.

ELECTIONS DE NOVEMBRE 1845.

Président : A. Gérin Lajoie.
Premier Vice-Président : J. Huston.
Second Vice-Président : A. L. Lacroix.

Secrétaire Archiviste : R. Laflamme.
Assistant Secrétaire Archiviste : C. Dolbec.
Secrétaire Correspondant : Chs. Laberge.
Trésorier : P. Blanchet.
Bibliothécaire : V. P. W. Dorion.
Assistant Bibliothécaire : C. Bazinet.

MEMBRES DU COMITÉ.

P. Benoit,   E. Lecours,   C. F. Papineau,
P. J. Guitté.

ELECTIONS DE MAI 1846.

Président : A. Gérin Lajoie.
Premier Vice Président : P. Blanchet.
Second Vice-Président : T. Lespérance.
Secrétaire Archiviste : P. Benoit.
Assistant Secrétaire Archiviste : M. Lanctot.
Trésorier : V. P. W. Dorion.
Bibliothécaire : C. Bazinet.
Assistant Bibliothécaire : A. Gibeault.

MEMBRES DU COMITÉ.

Gedéon Ouimet,   P. J. Guitté,   C. F. Papineau
E. Lecours.

ELECTIONS DE NOVEMBRE 1846.

Président : Joseph Papin.
Premier Vice-Président : L. Delorme.
Second Vice-Président : C. F. Papineau.
Secrétaire Archiviste : C. H. Lamontagne.
Assistant Secrétaire Archiviste : J. B. E. Dorion.
Secrétaire Correspondant : A. Gérin Lajoie.
Trésorier : V. P. W. Dorion.
Bibliothécaire : C. Bazinet.
Assistant Bibliothécaire : N. G. Bourbonnière.

MEMBRES DU COMITÉ.

L. Lacroix, B. Giroux, W. Giroux
. Gengras.

ÉLECTIONS DE MAI 1847.

Président : Joseph Papin. (1)
Premier Vice-Président : L. Delorme.
Second Vice-Président : C. E. Belle.
Secrétaire Archiviste : Chs. Laberge.
Assistant Secrétaire Archiviste : V. P. W. Dorion.
Secrétaire Correspondant : L. Labrèche Viger.
Trésorier : B. Giroux.
Bibliothécaire : J. Huston.
Assistant Bibliothécaire : A. L. Lacroix.

MEMBRES DU COMITÉ.

A. Desmarais, A. L. Cardinal, C. Bazinet,
G. Laflamme.

(1) Joseph Papin, écr., Avocat, naquit à l'Assomption, comté de Leinster, district de Montréal, le 14 décembre 1825. Il fit ses études au collège de l'Assomption où il se distingua par ses talents. Son cours terminé, il se décida à l'étude du droit et fut admis à la pratique en 1849. En peu d'années il s'acquit une brillante clientelle par son assiduité aux affaires. Il fut l'un des fondateurs de l'Institut-Canadien, et en fut le Président depuis novembre 1846 jusqu'en novembre 1847. Il travailla beaucoup au fonctionnement et au développement de cette Institution qu'il avait vu naître avec tant de plaisir. Il fut pendant longtemps l'un des colloborateurs de l'*Avenir* et est aujourd'hui membre du Parlement Provincial pour son comté natal.

ELECTIONS DE NOVEMBRE 1841.

Président : J. Huston. (1)
Premier Vice-Président : G. Ouimet.
Second Vice-Président : J. B. E. Dorion.
Secrétaire Archiviste : V. P. W. Dorion.
Trésorier : A. L. Lacroix.
Assistant Secrétaire Archiviste : S. Tétu.
Secrétaire Correspondant : C. F. Papineau.
Bibliothécaire : J. B. Ledoux.
Assistant Bibliothécaire : L. Labrèche Viger.

MEMBRES DU COMITÉ.

C. Bazinet,   F. Pomminville,   Chs. Bourdon,
Adolphe Roy.

(1) Me trouvant dans l'impossibilité de me procurer les renseignements suffisants pour publier une biographie de J. Huston, les quelques lignes suivantes prises dans les colonnes du *Pays* du 4 octobre 1854, serviront à le faire connaître à ceux qui n'ont pas eu l'avantage de l'apprécier.

Le *Pays* du 4 octobre dit en parlant des funérailles de J. Huston : " Vendredi après-midi une trentaine de jeunes gens, vêtus de noir, conduisaient silencieusement à leur dernier gîte, les restes mortels d'une jeune et belle intelligence, enlevée presque violemment par la main implacable de la mort. James Huston venait de mourir ; son cœur aimant et plein d'ardeur avait cessé de battre ; il ne reste plus de lui qu'un bon et tendre souvenir. Parti du dernier échelon d'un atelier d'imprimerie, il avait su, pas à pas, par son intelligence, par son amour du travail et ees lettres, gravir heureusement la montée pénible de la vie. Son inauguration brillante son jugement sain et surtout sa persévérante envie de s'instruire, l'eurent bientôt fait sortir de l'obscurité ; et tout jeune encore il conçut la noble, la patriotique pensée de conserver à ceux qui nous suivront, le fruit des travaux et des veilles de ceux qui nous ont précédé dans la carrière des lettres. C'est à lui que nous devons la réunion dans un seul cadre, de toutes les productions littéraires sorties de la plume des Canadiens, depuis plus d'un demi siècle. C'est dans le " Répertoire National" que le vieillard d'aujourd'hui peut renaître un instant aux émotions de sa vie de jeune homme. C'est là que les hommes faits peuvent retremper leur énergie qui s'émousse, dans les brulantes aspirations de leur sortie du collège. Ce qu'il lui a fallu à ce jeune homme sans ressources, de travail, de veilles, de recherches et d'indomptable persévérance, pour avoir fait publier les quatre volumes de son " Répertoire National," je n'ai pas besoin de vous le narrer.

Honneur donc a sa mémoire ! Il a laissé une œuvre nationale, une œuvre patriotique, qui fera que son nom ne périra pas. Que la terre lui soit légère.

ELECTIONS DE EAI 1848.

Président : Rodolphe Laflamme. (1)
Premier Vice-Président : L. Labrèche Viger.
Second Vice-Président : J. B. E. Dorion.
Secrétaire Archiviste : Joseph Papin.
Assistant Secrétaire Archiviste : F. Pomminville.
Secrétaire Correspondant : Joseph Doutre.
Trésorier : Chs. Bourdon.

Bibliothécaire : Auguste Papineau.
Assistant Bibliothécaire : A. Magnan.

MEMBRES DU COMITÉ.

Théophile Lespérance,   Chs. H. Lamontagne,
J. R. Giroux,   J. Grenier.

(1) Rodolphe Laflamme, écr., avocat, naquit à Montréal, le 15 mai 1828. Il fit son cours d'étude au collége de Montréal où ses talents assuraient de grands succès à sa carrière future qui fut celle du barreau. Il fut Président de l'Institut-Canadien en mai 1848, place qu'il occupa jusqu'en novembre 1848. Malgré une nombreuse clientelle acquise en peu d'années il travailla cependant beaucoup à faire progresser cette Institution dans laquelle il entrevoyait l'avenir de la jeunesse. Il fut l'un des colloborateurs de l'*Avenir*, et prit toujours une large part dans la rédaction de ce journal. Il fut dernièrement choisi pour doner des lectures sur le droit, au collége McGill.

ELECTIONS DE NOVEMBRE 1848.

Président : V. P. W. Dorion. (1)
Premier Vice-Président : A. Mousseau.
Second Vice-Président : Chs. Quevillon.
Secrétaire Archiviste : Noé Bétourney.
Assistant Sect. Arch. : F. Pomminville.
Secrétaire Correspondant : Joseph Papin.
Trésorier : Charles Bourdon.
Bibliothécaire : C. J. H. Lacroix.
Assistant Bibliothécaire : J. B. E. Dorion.

MEMBRES DU COMITÉ.

E. B. Dufort,   D. Latte,   W. H. Rowen,
L. Ricard.

ELECTIONS DE MAI 1849. (¹)

Président : V. P. W. Dorion.
Premier Vice-Président : Auguste Papineau.
Second Vice-Président : J. B. E. Dorion.
Secrétaire Archiviste : F. Cassidy.
Assistant Secrétaire Archiviste : G. Laflamme.
Trésorier : Charles Bourdon.
Secrétaire Correspondant : P. Blanchet.
Bibliothécaire : C. J. H. Lacroix.
Assistant Bibliothécaire : J. B. E. Tellier.

(1) V. P. W. Dorion, écr., avocat, naquit à Ste. Anne de la Parade, district des Trois-Rivières, le 2 octobre 1827. Ses études terminées il se livra à l'étude du droit. Il fut l'un des fondateurs de l'Institut-Canadien et en fut le Président depuis novembre 1848 jusqu'en novembre 1849, tâche si difficile à remplir, mais que son assiduité lui rendit si facile. Il fut l'un des colloborateurs de l'*Avenir* et continue à veiller aux intérêts de l'Institut-Canadien.

ELECTIONS DE NOVEMBRE 1849.

Président : F. Cassidy.
Premier Vice-Président : L. Ricard.
Second Vice-Président : J. B. E. Tellier.
Secrétaire Archiviste : J. Durand.
Assistant Secrétaire Arch. : N. G. Bourbonnière.
Secrétaire Correspondant : P. O. Demaray.
Trésorier : P. Blanchet.
Bibliothécaire : Eric Labrosse.
Assistant Bibliothécaire : Louis Lemay.

(*) Les élections de mai 1849 furent les premières faites après l'adoption d'une nouvelle constitution qui réduisit le comité de régie à neuf officiers.

ELECTIONS DE MAI 1850.

Président ; F. Cassidy. (1)
Premier Vice-Président : J. E. Coderre.
Second Vice-Président : Jacques Grenier.
Secrétaire Archiviste : C. F. Papineau.
Assistant Secrétaire Archiviste : L. S. Morin.
Secrétaire Correspondant : P. Gustave Papineau.
Trésorier : P. Blanchet.
Bibliothécaire : Louis Lemay.
Assistant Bibliothécaire : T. G. Coursolles.

(1) Francis Cassidy, écr., avocat, naquit à St. Jacques l'Achigan, district de Montréal, le 17 janvier 1828. Il fit ses études au collége de l'Assomption et étudia ensuite le droit. Il fut l'un des fondateurs de l'Institut-Canadien, et en fut Président depuis novembre 1849 jusqu'en novembre 1850. Sous sa présidence l'incendie détruisit la bibliothèque de l'Institut, et c'est à son énergie que la société dût de se relever sitôt de ses cendres. C'est aussi sous sa présidence que le Père Chiniquy tenta de faire à l'Institut une profession de foi religieuse, en demandant l'expulsion des journaux qui combattaient la puissance temporelle du Pape. L'Institut répondit qu'en dehors de la littérature, des sciences et des arts dont il encourageait la culture, il n'exerçait aucun contrôle ni direction, C'est encore sous sa présidence que la nationalité cessa d'être un titre exclusif pour entrer dans l'Institut-Canadien.

ELICTIONS DE NOVEMBRE 1850.

Président : J. B. E. Dorion. (1)
Premier Vice-Président : P. Gendron.

Second Vice-Président : Jacques Grénier.
Secrétaire Archiviste : L. S. Morin.
Assistant Secrétaire : M. Emery.
Secrétaire Correspondant : P. Gustave Papineau.
Trésorier : V. P. W. Dorion.
Bibliothécaire : T. G. Coursolles.
Assistant Bibliothécaire : T. P. Chagnon.

(1) Jean Baptiste Eric Dorion, écr., naquit à Ste. Anne la Parade, district des Trois-Rivières, le 1er septembre 1826.

Il fut l'un des fondateurs de l'Institut-Canadien, et en fut le Président depuis novembre 1850 jusqu'en novembre 1851. Il est le premier qui a émis le projet d'acquérir et construire pour mettre l'Institut chez lui. Il fut aussi le fondateur du journal l'*Avenir* et est l'auteur de la première publication sur l'Institut-Canadien—publication dont celle si est la suite. Il est aujourd'hui négociant et membre du Parlement Provincial, pour le comté de Drummond et Artabaska.

ÉLECTIONS DE MAI 1851.

Président : J. B. E. Dorion.
Premier Vice-Président : A. Tellier.
Second Vice-Président : M. Desnoyers.
Secrétaire Archiviste : W. Marchand.
Assistant Secrétaire Archiviste : M. Emery.
Secrétaire Correspondant : D. E. Papineau.
Trésorier : P. Blanchet.
Bibliothécaire : G. Bérubé.
Assistant Bibliothécaire : J. E. Ferté.

ÉLECTIONS DE NOVEMBRE 1851.

Président ; P. Blanchet, (1).
Premier Vice-Président : Charles Quevillon.
Second Vice-Président : J. E. Lafond.
Secrétaire Archiviste : Hector Fabre.
Assistant Secrétaire Archiviste : A. Cherrier.
Secrétaire Correspondant : A. Jodoin, (2).
Bibliothécaire : J. E. Ferté.
Assistant Bibliothécaire : A. St. Amand.

ÉLECTIONS DE MAI 1852.

Président : P. Blanchet.
Premier Vice-Président : Joseph Guibord.
Second Vice-Président : Léon Piché.
Secrétaire Archiviste : Hector Fabre.
Assistant Secrétaire Archiviste : T. G. Coursolles.
Secrétaire Correspondant : M. Emery.
Trésorier : Noé Bétournay.
Bibliothécaire : J. E. Bibaud.
Assistant Bibliothécaire : Alex. St. Amand.

(1) Pierre Blanchet, écr. Avocat, naquit à St. Pierre, Rivières du Sud, comté de Montmorency, district de Québec, le 19 octobre 1818. Il fut président de l'Institut-Canadien, depuis novembre 1851, jusqu'en novembre 1852. Pendant sa présidence il y eût autant de séances que de semaines dans l'année. Il a aujourd'hui, abandonné sa profession pour se livrer à l'agriculture et jouir des douceurs de la campagne.

---

(2) M. Jodoin ayant été obligé de s'absenter de la ville il fut remplacé par M. C. H. Lamontagne, en Janvier 1852.

ÉLECTIONS DE NOVEMBRE 1852.

Président: Joseph Doutre, (1).
Premier Vice-Président: C. F. Papineau.
Second Vice-Président: L. Ducharme.
Secrétaire Archiviste: Ls. Bétournay.
Assistant Secrétaire Archiviste: W. Prévost.
Secrétaire Correspondant: V. P. W. Dorion.
Trésorier: A. Tellier.
Bibliothécaire: D. E. Papineau.
Assistant Bibliothécaire: L. S. Martin.

ÉLECTIONS DE MAI 1853.

Président: Joseph Doutre.
Premier Vice-Président: Joseph Durand.
Second Vice-Président: M. Emery.
Secrétaire Archiviste: A. St. Amand.
Assistant Secrétaire Archiviste: G. G. Vallée.
Secrétaire Correspondant: T. G. Coursolles.
Trésorier: A. Tellier.
Bibliothécaire: D. E. Papineau.
Assistant Bibliothécaire: S. Martin.

(1) Joseph Doutre, écr. avocat, naquit à Beauharnais, district de Montréal, le 11 mars 1825. Il termina son cours classique en 1844, et publia dans ce temps une nouvelle intitulée " *Les Fiancés de 1812.*" Il fut l'un des Colloborateurs de l'*Avenir* et du *Pays*, le principal auteur des trauvaux de la Convention Anti-Seigneuriale de Montréal, et le premier lauréat de l'Institut-Canadien, lors du concours Boucherville. Il fut président de l'Institut-Canadien, depuis novembre 1852, jusqu'en novembre 1853 ; et c'est sous sa présidence

que l'Institut-Canadien fut incorporé, par acte du Parlement Provincial, 16 Vict. Chap: 261.

ÉLECTIONS DE NOVEMBRE 1853.

Président : Dr. J. E. Codère. (1).
Premier Vice-Président : M. Emery.
Second Vice-Président : C. Daoust.
Secrétaire Archiviste : J. Defoy.
Assistant Secrétaire Archiviste : A. C. Mercil.
Secrétaire Correspondant : T. G. Coursolles.
Trésorier : A. Tellier.
Bibliothécaire : J. C. Racicot.
Assistant Bibliothécaire : J. B. Dumesnil.

ÉLECTIONS DE MAI 1824.

Président : Dr. J. E. Codère.
Premier Vice-Président : M. Emery.
Second Vice-Président : C. Daoust.
Secrétaire Archiviste : J. Defoy.
Assistant Secrétaire Archiviste : A. C. Mercille.
Secrétaire Correspondant : T. G. Coursolles.
Bibliothécaire : J. C. Racicot.
Assistant Bibliothécaire : J. B. Dumesnil.

(1) Joseph Emery Codère, écr. médecin, naquit à St. Denis, comté de Richelieu, le 23 novembre 1814. Il vint à Montréal, à l'âge de 14 ans pour entrer dans le commerce, et continua à être commis jusqu'en 1840, temps où il prit à son compte. Fatigué alors et désirant se préparer un avenir plus tranquil, il se décida à étudier la medécine, et passa deux années sous la direction de l'Abbé Duchaine dans le but de perfectionner son éducation. En 1844 il fut admis à la pratique de la médecine et il abanndanna dès lors le com-

merce, pour ne plus s'occuper que de sa profession et répondre à une nombreuse clientelle qui lui venait de tous côtés. En 1847 il fut nommé professeur au Collège de Medécine de Montréal. Il fut président de l'Institut-Canadien en 1853, et il ne déploya pas moins d'activité pour veiller aux intérêts de cette institution dont il faisait partie depuis longtemps, que dans toutes les autres circonstances de sa vie. C'est à l'énergie qu'il déploya pendant sa présidence que nous devons d'avoir une bâtisse magnifique sur la rue Notre-Dame.

ÉLECTIONS DE NOVEMBRE 1854.

Président : P. R. Lafrenaye, (1).
Premier Vice-Président : Ls. LaBrèche-Viger.
Second Vice-Président : A. Tellier.
Secrétaire Archiviste : T. Chagnon.
Assistant Secrétaire Archiviste : P. Doutre.
Secrétaire Correspondant : T. G. Coursolles, (2)
Trésorier : R. Trudeau.
Bibliothécaire : H. E. Chevalier.
Assistant Bibliothécaire : C. J. N. DeMontigny.

ÉLECTIONS DE MAI 1855.

Président : P. R. Lafrenaye.
Premier Vice-Président : L. LaBrèche-Viger.
Second Vice-Président : A. Tellier.
Secrétaire Archiviste : T. Chagnon.
Assistant Secrétaire Archiviste : J. L. Lafontaine.

---

(2) En février 1855, le secrétaire correspondant ayant quitté la ville pour quelque temps, M. J. Duhamel, fut élu à sa place secrétaire correspondant.

Secrétaire Correspondant : L. Marchesseault. (*).
Trésorier : R. Trudeau.
Bibliothécaire : C. J. N. Montigny.
Assistant Bibliothécaire : P. Doutre.

(1) Pierre Richard Lafrenaye, écr. avocat, naquit aux Trois-Rivières, le 24 juin 1824. Il fit ses études au Collège de Nicolet, étudia ensuite le droit sous l'Honorable L. T. Drummond, et fut reçu avocat en octobre 1845. Ses talents et son assiduité aux affaires lui méritèrent une des plus brillantes clientèles de Montréal. Il fut l'un des fondateurs de l'Institut-Canadien, et en fut président depuis novembre 1854, jusqu'en novembre 1855. Sa présidence sera à jamais mémorable par les progrès que cette institution fit par son zèle et son dévouement. Plusieurs fois il eût à décider, par son vote prépondérant, des questions de la plus grande importance ; et toujours il le fit au grand avantage de cette institution. Il fut celui qui marcha le premier à la tête de la St.-Jean-Baptiste, comme premier vice-président, lors de la fondation de cette institution. Il fut aussi membre de la société des étudiants en droit, et fut dernièrement choisi pour donner des lectures, sur le droit, au Collège McGill.

(*) M. L. Marchesseault, ayant laissé la ville et sa place de secrétaire se trouvant vacante, M. A. Jetté fut élu à sa place, dans une séance du mois de juillet 1855.

INSTITUT-CANADIEN.

RAPPORT FINANCIER DU TRÉSORIER DE L'INSTITUT-CANADIEN, POUR LE SEMESTRE ÉCHU LE 31 OCTOBRE 1855.

RECETTES.

Argent en main du Trésorier au 1er mai dernier	£ 11	4	7
Contributions annuelles collectées pendant ce sémestre.	176	18	10
Allocation du Parlement.	50	0	0
Six mois de loyer de M. Haldimand.	6	0	0
Souscriptions à la bâtisse.	54	8	9
	£298	12	2

DEBOURSÉS.

Dépenses courantes et ordinaires en mai,	15	8	6½			
" en juin,	7	8	10			
" en juillet,	9	15	6			
" en août,	19	13	1½			
" en sept.,	9	17	10			
" en octobre,	9	10	2	71	14	0
Six mois de sslaire du gardien.				50	0	0
Prime d'assurance sur la bibliothèque.				2	16	3
" " sur la bâtisse de						

l'Institut-Canadien.	6	15	0
Cinq exemplaires du "Répertoire National."	3	15	0
Achats de vitraux et tiroirs.	4	0	0
Cotisation pour l'année 1855.	6	0	0
Escompte de la banque sur l'allocation du Parlement.	0	2	6
Loyer à M. Pinsonneault.	5	0	0
Frais encourus pour deux caisses de livres de France, etc., etc.	13	16	6
Dépôts à la Banque d'Epargne.	129	0	0
Argent en mains.	5	12	9
	£298	12	2

R. TRUDEAU,
Trésorier I. C.

Montreal, 31 octobre 1855.

Au Président
  Et aux Membres de l'Institut-Canadin.

Le Trésorier de l'Institut-Canadien soumet son rapport ci-inclus pour le semestre qui finit ce jour. Comme on le verra cet état témoigne assez favorablement des finances de l'Institut-Canadien. Le Trésorier ne croit pas hors de propros de faire connaître la petite statistique ci-jointe. L'Institut compte aujourd'hui 664 membres actifs en retranchant du catalogue tous ceux qui sont arriérés de plus de 4 somestres de contribution. Sur ce nombre 435 sont redevables du semestre courant, 102 le sont de deux semestres, 62 de trois et 16 de quatre semestres. Au premier de fevrier prochain, le Trésorier aura à rencontrer le troisième payement sur l'achat de la bâtisse qui avec douze mois d'intérêt s'élèvera à la somme de £278, en sus des dèpenses courantes de l'établissement.

Pendant ce sémestre 32 membres nouveaux ont été admis, 12 ont donne leur résignation.

Le tout humblement soumis.

R. TRUDEAU.
Trésorier I. C.

INSTITUT-CANADIEN.

LES SAUVAGES DU CANADA EN 1852.

CAUGHNAWAGA.—LES IROQUOIS.—LEUR CONSTITUTION POLITIQUE ET SOCIALE.—LEUR LANGUE.—USAGES, COSTUMES, SUPERTITIONS.

CAUSERIE LITTÉRAIRE,
LUE DEVANT L'INSTITUT-CANADIEN
PAR
JOSEPH DOUTRE, ECR., AVOCAT.

Il est un grand nombre de personnes, dans nos villes du Canada, qui n'existent pleinement que cinquante deux jours dans l'année : les dimanches, il est d'autres qui meurent cinquante deux fois dans le même espace de temps et à l'heure même où les autres commencent à vive. Je dis vivre et mourir dans ce sens que l'esprit est vif ou mort, malgré l'activité physique, quand tout, autour de lui, le dispose à ce dégré de bonheur que j'appelle la vie, ou à ce dégré d'ennui que j'appelle la mort.

Dans nos villes du Canada, où la population est presqu'également partagée entre les catholiques et les protestants, les catholiques sont forcés de subir, du dimanche, la lourde léthargie qui s'empare

es populations protestantes de l'Angleterre et des
[É]tats-Unis, sans avoir été façonnés dès l'enfance
[a]ux goûts réels ou affectés de repos et de prostra-
[ti]on morale que manifestent les protestants, pen-
[d]ant le sabbat des chrétiens.

Or il n'y a que deux classes de personnes, parmi
[le]s catholiques, qui vivent réellement le dimanche :
celles qui sont animées de cette piété profonde qui
[l]eur fait suivre, avec un heureux sentimentalisme,
[l]es exercises du culte ;—et celles qui, froides en-
[v]ers Dieu, sont pleines d'ardeur pour un regard
[c]ommun et aimé, pour des formes, une toilette
[o]u ces mille petits riens, qui sont dans les souvenirs
[e]t qui agitent tantôt agréablement, tantôt doulou-
[r]eusement le cœur des amoureux.

Pour ces deux genres de dévots, le dimanche
est le jour de prédilection, celui que l'on quitte
tristement, en s'enfonçant dans les draps, après
une prière fervente ou une conversation délicieuse,
le jour vers lequel on aspire, depuis le lundi matin,
jusqu'au moment où l'aube du saint jour apporte
une douce et mystique pensée de Dieu ou une
suave image que l'on va retrouver.

La dévote arrive à l'église avec les premièrs
rayons du jour y revient trois ou quatre fois dans la
journée.

L'amoureux interroge son mirroir, regarde or-
gueilleusement le galbe arrondi de sa jambe, frise
complaisamment sa moustache ou les boucles de ses
cheveux ambrés, gourmande le vernisseur, critique son tailleur et se mignote languissamment, jusqu'au son de la dernière cloche qui convoque au

temple les fidèles en général, et en particulier celle qu'il a la prétention d'appeler sa fidèle.

Il en est peu qui n'aient appartenu à l'une ou à l'autre de ces deux classes, pendant au moins quatre à cinq dimanches de leur vie. Il en est malheureusement un grand nombre, qui après avoir louvoyé dans l'eau bénite ou les eaux douces de l'amour, ont été rejetés sur la côte et comdamnés à l'état de momie, que nous imposent les habitudes anglaises, pendant cinquante deux jours de l'année. Pour eux, le dimanche n'a pour déjeuner que le proverbe : *qui dort dîne ;* les heures de la matinée sonnent dans le désert ; chaque mouvement d'une pendule baille ou ronfle en unisson avec la victime. A midi, cette victime hasarde un regard à travers la croissée, mais plus le soleil est beau, plus il lui semble odieux.

Voyez maintenant le malheureux procéder à sa toilette : il remue et bouleverse sa garderobe pour en tirer ce qu'elle contient de plus surammé et de plus décrépit. Un repas pris sans appétit, un cigarre, la lecture d'une feuille d'annonce ou d'une feuille d'amour, suivant que l'une ou l'autre tombe la première sous sa main,—et voilà sa journée remplie.

Or un jour, non pas un jour, mais un dimanche, que je ne me sentais au cœur ni piété ni amour, que je n'avais ni cantique ni romance à chanter, ni patenôtres ni madrigal a bredouiller, ni saint ni ange à invoquer ;—j'interrogeais les vents pour en obtenir un soffle de vie ; je me sentais dans un vide obsolu de l'esprit et des sens et il ne me restait d'énergie que pour vouloir sortir de cet état morbide. Condamné à ne recevoir d'inspiration que des vents, j'en suivis machinalement la direction, qui m'emportait par une forte brise, vers le sud-ouest de Montréal, c'est-à-dire à Lachine d'abord, puis au Sault-St.-Louis, auquel on a restitué son nom Sauvage depuis quelques années. En quelques minutes le chemin de fer et un batelier aux bras musculeux m'avaient fait franchir les dix milles qui nous séparent de Caughnawaga.

C'était un jour d'automne, mais paré d'un soleil de dimanche;—une température parfaitement équilibrée, un beau temps enfin.

A mesure que j'approchais du village Sauvage, auquel j'allais demander la vie dans un peu de nouveauté, je sentais insensiblement disparaître les vapeurs splinétiques qui m'étouffaient depuis le matin. Bien que j'eusse très souvent rencontré des Sauvages des deux sexes, bien que j'eusse fréquemment conversé avec eux, bien que j'eusse même déjà parcouru des villages indiens, je confessais mon ignorance sur le caractère et les mœurs actuels de ces derniers vestiges des anciens maîtres du pays; et j'étais certain d'y éprouver des surprises de quelque genre.

Nous sommes devenus indifférens aux races primitives de notre continent par l'habitude de voir dans les rues de nos villes et villages des Sauvages et sauvagesses du Lac des deux Montagnes, de Caughnawaga, de Lorette et d'ailleurs, mais en général que connaissons nous des Iroquois, des Abénaquis, des Algonquins et des trois ou quatre autres peuplades qui sont aujourd'hui dispersées, sur une étendue de deux à trois cents lieues ? Nous ne connaissons que la couleur cuivrée de leur peau et le costume des femmes qui viennent nous vendre des souliers d'orignal et de chevreuil ;—hors de là, nous sommes laissés à ce que nous en ont dit les premiers voyageurs à l'époque de l'établissement du pays par les Européens. C'est dire que nous en savons à peu près autant que ceux qui, en Europe, étudient l'histoire contemporaine des peuples sauvages, dans les *Keepsakes* et les Albums. Pourtant autant vaudrait presque demander si le Français d'aujourd'hui est le Gaulois du temps des Druides, que de juger l'Iroquois, notre voisin, par les relations de Charlevoix.

Je n'ai pas la prétention de faire disparaître la lacune qui existe, sous ce rapport, dans l'histoire de la civilisation Américaine et de décrire ce qu'ont produit, sur les races Indiennes, la lime du temps et le frottement des races Européennes.

Ce sont tout modestement des observations assez frivolement receuillies, dans le cours de deux ou trois ans et cousues ensemble par une étude de vingt quatre heures, faite sur les lieux et gravée d'après nature que je soumets aujourd'hui, avec l'espoir que quelque observateur plus opiniâtre continuera plus tard ce léger travail.

Je ne considère pas comme un médiocre avantage d'avoir pu faire cette courte étude au Sault-St.-Louis, plutôt qu'ailleurs, car à Caughnawaga, j'ai trouvé une population homogène, et plus que cela, le peuple roi des Sauvages : les Iroquois.

Les Iroquois ont joué, parmi les peuplades Indiennes de l'Amérique, le rôle des Romains, dans l'ancien monde ; non qu'ils aient, comme ces derniers, soumis et gouverné de grandes étendues de territoire et un grand nombre de peuples;—leur existence nomade, comme celle des Barbares de l'Europe et de l'Asie Mineure, leur permettait bien la conquête, mais jamais de gouvernements organisés, comme il était donné à la civilisation romaine et grecque de le faire. Mais par leur valeur et leur réputation guerrières, les Iroquois exerçaient sur le continent, quelque chose de l'influence dominatrice des Romains. Les Hurons ont longtemps servi de contrepoids à cette influence ; mais comme les Carthaginois et les Grecs vis-à-vis des Romains, ils furent en tout temps forcés de subir la suprématie morale des Iroquois;—et n'eussent été la découverte et la conquête du continent par les Européens, les Hurons auraient fini, comme les Abénaquis et les Algonquins, par fuir, sans coup-férir, devant une irruption capricieuse des Iroquois.

Enfin pour terminer ce préambule déjà trop long, ce n'est pas seulement une étude de vingt quatre heures que je vous offre aujourd'hui, mais c'est l'étude d'une seule des nombreuses peuplades de l'Amérique contemporaine;—en revanche c'est celle de la plus importante dans l'histoire.

Malgré ce que je connaissais déjà, ou plutôt par ce que je croyais déjà connaître des sauvages, j'éprouvai en arrivant à Caughnawaga, à peu près la même surprise que durent éprouver Jacques Cartier et son équipage en longeant les rives du Golfe St. Laurent. Dans la ville, nous ne voyons les sauvages que sous un seul costume, variant quelquefois du blanc au bleu, mais conservant la même forme. Enveloppée de la tête aux genoux, d'une *couverte* en laine blanche, telle qu'elle nous vient des tisseranderies de Mak'nac, ou d'un drap bleu plus aristocratique, qui porte encore les lisières jaunes de la manufacture anglaise, la sauvagesse est devenue vulgaire à nos yeux. L'uniformité de cette longue enveloppe, ne se rompt, à l'œil du citadin, que par l'extrémité d'une juppe de drap bleu, qui descend un peu plus bas que le genou, sans autre ornement que la lisière jaune de rigueur. Là prend la *mîtâs* de drap toujours bleu, qui presse la jambe jusqu'à la cheville, en se boutonnant sur le côté comme une longue guêtre de livrée. A la cheville, une légère variété se produit ; mais encore on ne peut appeler cela variété, car la chaussure n'a que deux formes et deux couleurs : ou elle est de chevreuil et cousue en chaussette, dans l'hiver et les temps secs de l'été, ou ce n'est qu'une simple bottine noire plus ou moins bien vernissée. La seule différence qui existe entre la bottine des sauvagesses et celles des blanches, est sur le point de disparaître car quelques élégantes de Montréal, talonnées sans doute par la mode, viennent d'adopter les talons que les Indiennes seules ont voulu porter jusqu'à ce jour.

Voilà tout ce que nous voyons à la ville où les hommes ne se font reconnaître qu'à la couleur de leur peau,—où les sauvages des deux sexes prennent la physionomie que leur imposent leurs rapports avec nous. Leur existence nationale nous est inconnue et il faut les aller voir chez eux, au sein de leurs occupations du dimanche et de la semaine, pour les connaître un peu.

Après avoir pris terre à Caughnawaga, comme

je suivais la rive rocailleuse qui borde la côte, pour arriver à l'unique auberge du village, j'apperçus un cannot d'écorce, allant amont le fleuve, monté par trois jeunes filles, qui présentaient un groupe moins artistement entrelacé que celui des grâces, mais beaucoup plus pittoresque et non moins attrayant.

On sait qu'en face de Caughnawaga, le fleuve n'est pas de cette nonchalence de cours qui puisse permettre des excursions de plaisir à quelque distance du rivage. Quelques arpents plus bas, se trouve le plus dangereux rapide qu'on puisse rencontrer dans tout le parcours navigable du St. Laurent. Aussi c'était dans une anse que ces trois jeunes Indiennes conduisaient languissamment leur légère embarcation. Pour désigner par un mot le genre de promenade nautique à laque le se livraient alors ces jeunes filles, nous avons un verbe qui exprime à lui seul le but oisif et le laisser-aller paresseux de ce passe-temps : elles *canotaient.*

J'arrivais vers une heure de l'après-midi, une heure après l'issue de la messe et quelques minutes après le dîner, qui répandait sur les traits des jeunes canotières ces couleurs vives et de bien-être, qui animent les sauvages, aussi bien que les Sybarites civilisés, après la déglutition et pendant la sieste. Saisi par l'aspect ravissant de cette scène, je me rapprochai assez effrontément, je dois l'avouer, de la pointe de terre où le canot semblait près de toucher. Là je m'oubliai à contempler mentalement ce spectacle, tout nouveau pour moi, quoique je vécusse à dix milles de distance du théâtre où il m'était ainsi donné gratuitement.

Je m'étais arrêté à examiner les trois jeunes filles, avec cette insouciance insolente que l'on met dans la critique d'une gravure ou d'une toile. J'oubliais que ces Indiennes, belles, élégamment mises dans leur genre, étaient peut-être aussi susceptibles que les jeunes beautés de la ville, qui nous en veulent parfois de les contempler trop en détail, au coin d'une rue ou sur les promenades publiques.

Surprises elles-mêmes de la persistance que je mettais dans cet examen, elles avaient oublié la manœuvre et discontinué le mouvement machinal des avirons, et se laissaient aller à la dérive. On eut dit que cette fibre délicate des femmes habituées aux égards recherchés du bon ton venait d'être frappée pour une première fois. Refusant de céder à la morgue de l'observateur, pas une ne songeait à donner un coup d'aviron pour se soustraire à ce regard obstiné ;—reculant en même temps intérieurement devant la critique impertinente d'une personne à laquelle elles concédaient la supériorité attribuée aux blancs, pas une ne voulait se rapprocher d'avantage, et toutes luttaient d'inertie, comptant sur le cours du fleuve pour les tirer de l'impasse, sans les placer dans la nécessité de se compromettre. Il était impossible de s'y méprendre : l'impression chez elles, était, qu'un coup d'aviron, en avant ou en arrière, aurait compromis leur dignité de femmes.

Je finis par sortir de ma contemplation artistique et par sentir ce que je leur communiquais de gêne et je me retirai. Mais j'avais eu le temps de saisir l'ensemble et les détails de cette scène primitive et j'avais déjà gagné ma journée, plus que cela, mon dimanche.

Il est à peu près impossible de ne pas découvrir une nuance européenne dans le sang de nos sauvages d'aujourd'hui, et c'est le mélange des races qui a produit cette couleur citron-bistrée, qui tient le milieu entre le bistre du sauvage primitif et la dorure tropicale du sang créole. Je ne sais laquelle des deux nuances du créole et du sauvage contemporain serait la plus agréable, si toutes deux étaient relevées et enjolivées, par les mêmes soins de toilette et les mêmes habitudes de goût et de mode.

En retrouvant ainsi au milieu de la civilisation et presqu'au sein d'une ville exclusivement peuplée d'Européens, un type aussi originalement beau, il n'était pas possible d'envier le luxe et la recherche de la mode. Ces jeunes filles étaient belles dans la stricte acception du mot, et elles étaient ravissantes dans leur costume indigène. Cette couleur enviée de la créole des Antilles brillait de cette animation du sang que produit le dîner, aidé de riches rayons de soleil.

Le costume de chacune d'elle était absolument le même quant à la forme, mais très varié de couleur. La chevelure séparée sur le front, en deux bandeaux soyeux, était jetée derrière les oreilles et pendait de toute sa longueur et dans son état naturel, jusqu'à la ceinture ;—pour autres détails : tête nue, col découvert, mantille de calicot unicolore, mais rose chez l'une, rouge foncé chez l'autre, vert-pomme chez la troisième,—prenant sous la à demi découvert, et descendant sans ondulation et flottante jusqu'au genou. L'échancrure du buste, bordée d'un liseré tranché de couleur, donnait à l'épiderme un éclat resplendissant. La manche bouffait largement, puis pinçait au poignet et donnait ainsi une apparence microscopique à la main, qui tenait le léger aviron vert.

Voilà tout ce que je pus voir de leur costume, pour le moment, attendu qu'assises sur leurs talons au fond du canot, la mante cachait les autres détails. Néanmoins la cloche de l'église tinta bientôt l'heure des vêpres et nos trois jeunes filles se hâtèrent de revenir à la rive qui n'était d'ailleurs qu'à quelques brasses.

Le reste du costume que portaient les trois Iroquoises a été décrit, quand j'ai parlé de celui que nous voyons uniformément à toutes les Indiennes qui fréquentent nos villes, savoir ; juppe en drap bleu descendant au genou et mîtâs de même étoffe. Mais cette fois je voyais ce costume sous sa forme la plus élégante, du tissu le plus fin et porté par trois beautés, dans un jour de toilette recherchée. La bottine de maroquin noir, boutonnant sur l'extérieur de la cheville, était brillante et fesait resplendir deux doigts d'un bas neige qui disparaissait pudiquement sous la mîtâs. Quand on a pu admirer le dégagé d'une cheville mignonnement découpée et le galbe qui s'arrondit si exquisement sous la mîtâs d'une Iroquoise, le bon goût nous fait repousser comme ridicule et barbare la *bloomer* de la Nouvelle Angleterre.

Une action très simple pour celles que j'examinais et qui ne m'en parut, pour cela, que plus originale termina mes premières observations sur les Iroquois du Sault.

Aprés avoir tiré leur canot hors de l'eau, l'une prit les avirons et les deux autres saisissant chacune des pinces de la petite embarcation, l'emportèrent, comme nous fesons d'un manteau ou d'un paletot surnuméraire.

Tout le monde connait ici M. George DeLorimier, Canadien-Français par son père et Iroquois par sa mère. Sorti d'une de ces nombreuses alliances contractées entre les blancs et les sauvages, dans la traite des pelleteries, M. DeLorimier a eu d'énormes difficultés à traverser pour être fidèle au souvenir de son père et à celui de sa mère.

Pour des raisons politiques sur lesquelles il est inutile de s'arrêter, il a été passé plusieurs lois qui prohibent l'établissement des blancs au milieu des Indiens, sur les terres que leur a assignées le gouvernement. Pendant longtemps M. DeLorimier se prévalant de son origine maternelle iroquoise, (et en droit il le pouvait) avait joui sans inquiétation du privilège d'un domicile au Sault St. Louis. Mais un bon jour, la susceptibilité indienne se trouva piquée de voir M. DeLorimier user de ce privilége, sans se soumettre à tous les usages et coutumes de la nation. De là sont nées des poursuites, pour l'obliger de déguerpir : et on alléguait pour principale raison, que le refus, chez M. DeLorimier, de porter la *couverte*, quand les Iroquois la revêtaient, le constituait un intrus. Les tribunaux après avoir constaté l'origine indienne de M. DeLorimier, reconnurent son droit d'habitation au Sault, **sans le forcer à s'emmailloter dans la couverte.**

C'est de M. DeLorimier que je tiens la plupart des renseignements que je puis aujourd'hui fournir sur les indigènes de Caughnawaga.

CONSTITUTION POLITIQUE.

L'existence politique, sinon la constitution des Iroquois du Sault St.-Louis diffère de celle des Algonquins et des Iroquois du Lac des Deux Montagnes, en ce qu'au Sault, ils sont propriétaires en fidéi-commis du sol qu'ils habitent, tandis qu'au Lac, la terre appartient aux seigneurs du séminaire de St. Sulpice et qu'en ce dernier lieu, il ne sont que tolérés dans la jouissance du sol.

Il s'élève actuellement des difficultés entre les sauvages et les seigneurs du Lac, sur la question de propriété du sol, que les premiers revendiquent comme le dernier patrimoine que leur ait laissé l'envahissement des blancs.

Au Sault St.-Louis, les Iroquois jouissent collectivement, mais non individuellement, d'une manière incontestée d'une seigneurie de trois lieues de front, sur deux lieues de profondeur entre Chateauguay et Laprairie. Les blancs en cultivent une partie, à titre de censitaires et le reste se compose de bois debout ou haute futaie, d'une partie cultivée par les sauvages, d'une prairie commune et du village de Caughnawaga.

Le chemin de fer qui traverse maintenant toute la profondeur de la seigneurie, va être inévitablement l'occasion de nombreuses difficultés. Déjà les blancs attirés par le commerce que vient d'y créer le chemin de fer, se sont répandus dans le village et sur la route;—et l'on verra, par l'exposé de chie légale vont bientôt se trouver les questions de propriété, dans un endroit où tout le monde est propriétaire et où personne ne l'est.

L'existence politique des Iroquois du Sault diffère peu de celle imaginée et fondée par M. Cabet, à Nauvoo, l'ancienne résidence des Mormons, dans l'état des Illinois. Ceux qui ont considéré le phalanstère, le communisme et le socialisme, comme des rêveries irréalisables, seraient bien étonnés, s'ils voyaient fonctionner un système presque analogue, avec une parfaite régularité, et s'ils savaient que cette espèce de communisme existe ici depuis des siècles et s'y trouve encore en pleine opération. Car le gouvernement actuel des Iroquois est le gouvernement traditionel des Indiens d'Amerique, et la civilisation européenne n'en a rien changé.

Les difficultés dont je viens de parler, comme devant bientôt naître parmi les sauvages, ne résulteront aucunement de leur forme de gouvernement mais uniquement du mélange de races hétérogènes, soumises à une législation essentiellement différente.

La *tribu* des Iroquois comprend tous les habitants du Sault. Elle se divise aujourd'hui en sept *bandes* ou clans. Il paraîtrait qu'autrefois, mais à une époque assez éloignée, la tribu ne comptait que cinq bandes;—les deux autres seraient nées de dissentions, au sein desquelles les chefs de partis seraient devenus assez forts, pour forcer les chefs réguliers des cinq bandes, à partager avec eux, le gouvernement en formant deux nouvelles bandes.

Les sept bandes qui existent aujourd'hui s'appellent : 1o. L'Ours 1er. 2o. L'Ours 2nd. 3o. Le

Loup. 4o. Le Chevreuil. 5o. La Tortue 1ère. 6o. La Tortue 2nde. 7o. Les Rochers.

Chaque bande élit un grand chef, qui occupe cette place toute sa vie ; et c'est la réunion des sept grands chefs, assistés d'autant de sous-chefs, qui compose le conseil de la nation.

Le gouvernement du Canada reconnait le pouvoir de ces grands chefs parmi leurs nationaux et sur leur territoire, confirme leur élection et donne à chacun une médaille d'argent, qui porte d'un côté l'effigie du souverain et de l'autre les armes de la couronne anglaise. Avant leur soumission aux blancs les chefs portaient un autre insigne, que la médaille a remplacé.

Les grands chefs sont les administrateurs de la commune ; ce sont eux qui perçoivent les droits seigneuriaux, qui veillent à l'entretien des moulins et des autres propriétés de la commune, qui règlent toutes les contestations et qui pourvoient aux dépenses nécessaires à leur administration.

Jusqu'à ces dernières années, on n'a vu que peu d'exemples où les sauvages aient eu recours aux tribunaux, pour vider leurs querelles. Ils ont depuis peu commencé à y porter des actions en dommage pour assauts et batteries et pour injures verbales. On peut s'attendre à les voir souvent devant nos cours et y contester peut-être bientôt l'autorité de leurs chefs ; car ils sont déjà considérablement familiarisés avec nos usages judiciaires.

Lors de l'élection des grands chefs, il se produit un fait que l'on retrouve dans un grand nombre des circonstances de la vie ; je reviendrai là-dessus, car c'est ce qu'il y a de plus singulier et de plus caractéristique chez le sauvage. A la mort d'un grand chef, la médaille ou le signe symbolique de son autorité, demeure entre les mains de sa mère, si elle vit, ou de ses frères ou sœurs, ou à leur défaut entre les mains du parent maternel le plus prochain.

En France la loi salique dépouillait la femme de toute espèce de droit dans le gouvernement; et avec la suite des temps, les mœurs des hautes régions de la société française ont donné un démenti à cette théorie et ont permis à une reine de France de dire à son royal époux, qu'elle pouvait faire des princes sans lui, mais qu'il ne pouvait pas en faire sans elle.

Les sauvages sont depuis longtems persuadés de la vérité de ces paroles, et le commerce des blancs a jeté dans les tribus, tant de *bois-brûlés*, tant d'épidermes disparates, qu'ils ne mettent plus en doute la suprématie des femmes, sous ce rapport. Ils tiennent pour maxime, que l'enfant appartient à la mère, et que le père n'en est, comme disait Balzac, que l'éditeur responsable. Alors pour opérer une transmission légitime des insignes de l'autorité, du chef mort à son successeur, ils ont voulu que la mère et son *estoc et ligne* en fussent les dépositaires, jusqu'à l'élection du successeur. Le père du chef n'est considéré que comme un étranger à cet effet.

Les motifs de cet usage m'ont d'abord semblé si singuliers, que je me suis fait répéter la chose par plusieurs personnes, avant d'y ajouter foi. Il m'a fallu me rendre à l'évidence.

L'élection n'est pas une investiture incommutable de l'autorité; les électeurs se conservent le droit de destitution; mais ce droit n'existe qu'en théorie, du moins il n'est pas exercé. Est-ce faute d'occasions? Je l'ignore.

Si l'accroissement de la population avait suivi, parmi les sauvages, la même progression que chez les blancs, on peut prévoir quelles nombreuses difficultés se seraient élevées au milieu d'une population, qui, toute disciplinée qu'elle pût être au régime communiste, se trouvait resserrée dans de très étroites limites territoriales. Les questions de propriété m'ont paru être dans un état des plus précaires; et si nous n'avons pas vu s'élever parmi eux de grandes querelles, jusqu'à ce jour, c'est que pour des causes que je mentionnerai plus tard, ils se sont toujours maintenus à un certain chiffre de population qui, diminuant plutôt qu'augmentant, ne leur a fait sentir aucun besoin d'agrandissement territorial. Dans l'état actuel des choses, chacun cultive le morceau de terre qu'il tient de son choix ou de celui de ses pères; il l'enclot et en jouit séparément. Chacun de même prend le bois de chauffage nécessaire à sa famille, soit sur sa propre terre, soit sur les terres non concédées de la seigneurie. Depuis longtemps, ils ont chacun un morceau de terre à cultiver, une sucrerie et une terre à bois, et tout cela compose un patrimoine qui se transmet, sans l'intervention de la commune. Mais comme la commune est obligée de concéder les terres incultes à ceux des sauvages qui en exigent, on conçoit que de ce mélange de communisme et de propriété individuelle auraient surgi de grandes difficultés, si la population en était arrivée à épuiser toutes les terres non concédées.

Les sauvages, sans être exclus des droits politiques dont jouissent les blancs, comme celui d'organiser les corporations municipales ou scolaires ou de voter pour l'élection des membres de la chambre d'assemblée, se tiennent en dehors de tout mouvement de ce genre et n'exercent aucun des droits qui les feraient sortir de leurs villages.

LA LANGUE IROQUOISE.

M. Garneau, le savant historien du Canada, rattache toutes les langues indiennes à huit langues-mères, parmi lesquelles la langue iroquoise ne se trouve pas. D'après le même historien, les Iroquois auraient reçu leur nom des Français eux-mêmes.

" Le nom propre des Iroquois dit-il, était *Agonnonsionni*, faiseurs de cabanes, parcequ'ils les faisaient plus solides que les autres. Le premier nom leur a été donné par les Français et est formé du mot *Hiro*, avec lequel ils finissaient leurs discours et qui équivaut à : *J'ai dit* et de celui de *koué*, cri de joie ou de tristesse, selon qu'il était prononcé long ou court."

M. Garneau tombe ici, comme l'ont fait tous les Européens, sous l'empire de l'euphonie des langues européennes, qui a mutilé tous les noms propres empruntés aux langues indiennes. Les Iroquois n'ont pu porter un nom qui se compose d'une articulation inconnue à leur langue. Ils ont pu s'appeler *Akonnonsionni*, mais non Agonnonsionni, ainsi que je le démontrerai par leur alphabet.

Toutes les langues des Indiens d'Amérique ont cela de particulier et de commun que chaque mot exprime toute une idée. Il s'en suit que leurs langues se composent d'un nombre de mots beaucoup plus restreint que celles des peuples d'Europe et surtout de ceux de l'Asie.

Les polyglottes et les physiologistes trouveraient un vaste champ d'études dans la comparaison des peuples asiatiques et de leur alphabet de cinquante mille lettres, avec les peuplades d'Amérique et leurs alphabets de dix à douze lettres.

Les langues Indiennes sont l'hiérogliphe parlé; chaque mot est une image et une moitié de phrase. Cette simplification de la langue est-elle l'effet ou la cause du petit nombre de sons et de lettres dont se compose la langue? Je ne saurais le dire.

L'alphabet iroquois se compose de onze lettres: A. E. H. I. K. N. O. R. S. T. et W. (W. s'écrit 8); ce qui fait quatre voyelles et sept consonnes.

L'*e* se prononce toujours en *é* fermé; les autres lettres conservent leur prononciation française.

Tous les noms de lieux ou d'hommes qui se composent d'autres lettres, sont ou une corruption de l'Iroquois ou d'un autre dialecte.

Je citerai quelques noms, pour mieux faire apprécier le caractère symbolique de la langue.

Quand les Français sont arrivés dans le pays, ils se sont rendus directement au fort ou principal village des Iroquois, où ils ont eux-mêmes fixé leur chef-lieu. En s'enquérant du nom du pays, ils obtinrent pour réponse: *Canata*. Les Iroquois, non plus qu'aucune tribue, n'avaient l'habitude de donner un nom à une grande étendue de pays. Aussi il n'y a aucun nom de territoire qui ait une origine indienne. En disant *Canata*, les Iroquois désignaient leur principal fort; *Canata* veut dire le village par excellence, la capitale, dirons-nous. Le Canada est le seul territoire qui tienne son nom des premiers possesseurs du sol, et c'est par suite d'un malentendu, qu'il en a reçu son nom. Les Français ont cru que toute l'étendue du pays qu'ils avaient parcourue sur le St. Laurent, s'appelait *Canada*; parceque les sauvages, en parlant de leur fort disaient: la ville, comme les Romains disaient *urbs* en désignant Rome. Les Français ont de suite converti Canata en Canada, pour obéir aux lois de l'euphonie française.

Ils ont ainsi corrompu bien d'autres noms, ainsi qu'il est facile de le voir à l'aide de l'alphabet iroquois.

Ainsi *Hochelaga*, premier nom donné à Montréal, contient des sons et des lettres étrangers aux Iroquois et n'est qu'une corruption de *Hoséraké* qui veut dire *Chaussée de Castors*.

Niagara, corruption de *Ia-onnia-karé*: C'est une pointe bruyante. *Ohio*, corruption de *Ohion-io*, "Belle Rivière." *Kentucky* corruption de *Kahentaké*, "Aux Prairies." *Onondaga*, corruption d'*Onontaké*, "Sur la montagne." *Chanenduga*, corruption de *Kanentaké*, "Aux Sapinages." *Onéida*, corruption d'*Onenhioté*, "A la roche." *Scohaty*, corruption de *Ioskahété*, "Embarras par les arbres dans une rivière"; ce que l'on appelle aujourd'hui *snags* sur le Mississippi et le Missouri. *Canajohary*, corruption de *Kanatsihoaré*, "Une chaudière au bout d'une perche." *Ticondaraga*, corruption de *Tia-ontar-oken*, "Deux lacs en fourche." *Caughnawaga*, corruption de *Kahnasaké*, "Au Sault." *Toronto*, corruption de *Théroto*, "Il a été jeté un arbre sur l'eau là-bas."

En approchant de Toronto, on voit en effet une langue de terre qui s'avance dans l'Ontario, comme un arbre jeté sur la rive.

On pourrait ainsi refaire une grande partie de la géographie de l'Amérique.

Quand, à l'instar des blancs, les Iroquois ont commencé à donner des noms à tous les villages, ils ont adopté quelques noms qui n'ont aucune signification. Ainsi quand Montréal s'est déplacé de son site primitif, à Hochelaga, et a remonté deux milles du fleuve, pour prendre l'assiette qu'il occupe aujourd'hui, les sauvages l'ont nommé *Tiohtiaki*, mot qui ne représente aucune idée.

Pour exprimer un dégré de comparaison, les Iroquois manquent d'adjectifs qualificatifs ; mais leur procédé n'en est que plus poétique. *Canata*, comme je l'ai dit, veut dire village ; en changeant le dernier *a* en *io*, on obtient *beau village*. *Ontara* veut dire *lac*, Ontario, *beau lac*.

Le Mélange des blancs n'a pu opérer de changement dans une manière de parler, qui doit être parfois embarrassante pour les sauvages dans leurs relations avec les Européens. Les Iroquois, ainsi que toutes les autres tribus, n'ont aucune locution respectueuse et sont obligés de tutoyer en toutes circonstances. Ils n'ont pas même de pluriel pour les pronoms personnels ; et pour parler à plusieurs personnes, il leur faut de longues circonlocutions. Quand ils veulent parler respectueusement à une personne, ils compensent l'absence du *vous*, par des titres d'honneur. Parmi eux, l'esprit de famille semble d'autant plus fort qu'ils attachent moins de foi au lien réel de la famille, à la vertu et à la fidélité des femmes. Les titres les plus honorables qu'ils croient pouvoir donner à un homme, sont ceux de *grand-père*, de *père*, d'*oncle*, etc., et à une femme ceux de *grand'mère*, de *mère*, *tante*, etc.

Cet inconvénient est compensé par un grand avantage : celui de ne pouvoir jurer dans leur langue. Chez eux, aucun mot ne trahit brusquement la passion, comme le fait le juron des langues européennes.

Quand ils manifestent de la colère qui n'a aucune personne pour objet, la passion se traduit par la contraction des traits, par des gestes et des cris inarticulés, comme ceux de la bête. Quand au contraire, c'est une personne qui a excité le sauvage, il possède un vocabulaire de mots grossiers et sales, qui remplacent avec usure les jurons des blancs. Généralement c'est aux vices de conformation physique qu'ils s'attaquent pour blesser la personne qui leur a donné de l'humeur. Quand c'est à un homme qu'ils en veulent, ils imputent des défauts physiques à sa femme, à sa mère ou à sa sœur et font l'histoire de quelque scandale ; quand c'est à une femme, les injures, pour être mordantes, doivent s'adresser au mari ou aux parents mâles de cette femme.

SUPERSTITIONS.

La physionomie actuellement la plus remarquable des sauvages, le trait particulier de leur caractère primitif, qui a le plus résisté au frottement de la civilisation, est sans contredit la superstition obstinée qui les distingue encore. Il est difficile de se faire une idée des trivialités auxquelles s'attache encore aujourd'hui cette disposition à croire aux choses surnaturelles. Chez eux les plus légers accidents s'expliquent par l'intervention directe du Grand Esprit et de la sorcellerie.

D'après eux le tonnère est le bruit du char d'un maître sauvage, être surnaturel, presque l'égal de Dieu et existant depuis l'éternité.

Les maladies sont l'effet du sortilège. Il y a parmi eux des personnes désignées comme *jetant des sorts*, et c'est à elles que l'on attribue la création des maladies. Ces personnes sont l'objet de la terreur et des malédictions de l'endroit. Au maléficieux pouvoir de ces sorciers, on oppose avec ou sans succès, suivant la pondération des forces, la puissance occulte d'autres personnes qui ont la réputation de délivrer des mauvais sorts.

On conçoit que parmi eux, la profession de charlatan est celle qui doit être le plus en honneur. Il y a là des docteurs qui prétendent guérir par les remèdes les plus extraordinaires et auxquels on attribue les plus merveilleux et ridicules effets. Posant en principe que tout malade est ensorcelé, on ne s'applique qu'à le délivrer du sortilège. Ainsi une emplâtre de simples opère cette délivrance, quand il se produit certains phénomènes. Si l'épiderme ne fait que rougir et s'amollir, le sortilège reste, quand même le mal disparaîtrait. Mais si après ces premiers symptômes, l'emplâtre fait sortir de la peau des plumes, des morceaux de verres ou des broquettes, la guérison physique et morale est complète.

En 1848, le Sault St.-Louis était infesté, depuis plusieurs mois, d'une foule de sorciers que les plus habiles charlatans du village avaient été impuissants à découvrir. On se décida à y faire venir un maître orcier de Mississaga, petit village que l'on dit situé dans la profondeur des bois de Toronto. Une députation lui fut envoyée, aux frais de la commune, pendant les froids les plus rigoureux de janvier. Ce sorcier des sorciers était un Algonquin des plus rusés, et il fit payer cher ses jongleries. Arrivé à Caughnawaga, il se fit construire une tente au milieu du bois, où il se targuait d'attirer, par son pouvoir magique, tous les sorciers et sorcières qui affligeaient le village et de les tuer jusqu'au dernier.

Après force momeries, il déclara avoir tué et fait disparaître tout ce qu'il y avait de cette race maudite. Mais à peine ce charlatan émérite était-il parti, que les sortilèges recommencèrent avec une recrudescence alarmante. Deux jeunes filles remplissaient le village de terreur et d'émoi, par le récit des choses extraordinaires qu'elles voyaient durant leurs crises. Aucune personne n'avait encore été aussi cruellement possédée et tout fut mis en œuvre pour leur apporter du soulagement. Quand les crises se déclaraient, l'une voyait ses mîtâs emportées, l'autre sa chemise, etc., etc., et quand, attiré par leurs cris, on entrait dans l'appartement toujours solitaire, où se débattait la patiente, on remarquait sur le parquet, comme des traces mouillées du pied de quelque animal sauvage.

On fit venir en leur présence une femme qui avait la fatale réputation de donner des sorts, et les malades se précipitèrent sur elle et l'auraient mise en pièces, si on ne l'eut arrachée de leurs mains. Aussi elles avaient presque raison : cette femme qui avait du sens et de la perspicacité, avait eu l'audace de déclarer, en présence de tout le monde, que c'étaient deux jolis garçons du village qui étaient la cause de ces crises. L'un deux était un grand dévot, portant croix sur la poitrine et ayant la réputation de faire des miracles. Celle qui en était éprise, n'osant le faire connaître à personne, avait résisté à tous les remèdes, pour forcer la famille d'avoir recours au bien-aimé thaumaturge. Il en était à peu près ainsi, pour l'autre possédée.

La fureur qui s'empara d'elles, à la déclaration de la prétendue sorcière, ne fut considérée que comme une nouvelle preuve de l'empire satanique qu'elle exerçait.

Enfin les choses n'ayant fait qu'empirer jusqu'en 1851, on se décida à faire une nouvelle épreuve. La grande difficulté était de mettre la main sur les sorciers, le reste était tout simple, car l'esprit public était tellement excité contre eux que rien n'aurait pu les soustraire à une exécution sommaire, si on avait pu les convaincre du grand crime.

Il existe à Onnontaga, village sauvage situé dans l'état de New-York, près de Syracuse, une petite tribu encore toute primitive, qui a résisté à tous les efforts et à toutes les séductions de la civilisation et qui, seule, a repoussé le christianisme. Ceux qui la composent n'ont avec les blancs qui les entourent que les relations d'une absolue nécessité. Cette obstination les a revêtus d'un prestige imposant auprès des sauvages chrétiens. Ils sont considérés comme les dépositaires des souvenirs et de la foi antiques de la race indienne et c'est parmi eux que l'on croit trouver les plus grands savants en fait de sorcellerie.

La commune envoya donc une députation à

Onnontaga, pour en faire venir le plus habile sorcier pour découvrir ceux qui troublaient la paix du village. L'expérience couteuse que leur avait donnée le charlatan de Mississaga, avait rendu les habitants du Sault très ombrageux et assez peu crédules. Aussi dès le commencement des opérations on s'opposa à tous procédés secrets. On voulait voir tuer de ses propres yeux les démons qui donnaient tant de soucis. Il fut donc convoqué une assemblée, en présence de laquelle tout devait avoir lieu.

Là, le maître sorcier, qui en habile homme, s'était mis au courant de tous les cancans du village, déclara que tous les sortilèges étaient le fait d'une seule personne, qui n'était pas dans l'assemblée, mais qu'il obligerait d'y venir, par la force de sa volonté. Mais il s'était vanté et la personne n'arrivait point. Après avoir épuisé toutes les ressources de ses momeries, il députa auprès de la femme qu'il accusait les amis qu'elle avait dans l'assemblée, pour l'engager à se rendre de bon gré. Se croyant de force à rencontrer le grand sorcier, elle consentit à l'aller voir. Dès qu'il la vit entrer, il lui présenta un verre en disant : " Bois, si tu es sorcière, tu mourras, si tu ne l'es pas, tu vivras." Elle lui répondit avec fermeté : " Bois toi même si tu es sorcier, tu mourras, si tu ne l'es pas tu vivras." Tous deux burent et vécurent. Le sorcier dit tout bas aux chefs la cause de la possession des jeunes filles ; on s'entendit pour les marier, et on n'entendit plus parler de rien.

Rowe l'avait dit longtemps avant ce grand sorcier : " Il y a dans les femmes quelque chose de plus que la sorcellerie, puisqu'elles viennent à bout de gouverner les plus sages des hommes."

USAGES DIVERS.

Il a suffi de quelques pages pour donner les principaux caractères des sauvages de nos jours, car la perfectibilité qui tient à la nature de l'homme, la religion chrétienne et les rapports fréquents entre les blancs et les indiens,—tout cela a fait filtrer imperceptiblement au milieu d'eux les habitudes et les mœurs qui nous sont communes. Il ne reste presque plus rien des habitudes de vivre des anciens sauvages, pour ceux de la race qui habitent le voisinage de nos villes ou de nos campagnes.

La chasse, qui était leur seule occupation d'autrefois, est entièrement abandonnée au Sault St. Louis. A Lorette, qui est presque un faubourg de Québec et à St. François, qui est à peu près à mi-chemin entre Montréal et Québec, on fait encore un peu la chasse, mais au Sault la plupart des sauvages sont engagés dans la navigation intérieure. Ils connaissent bien nos rivières et bon nombre d'entre eux se dispersent sur le St. Laurent et l'Ottawa, pour piloter les vaisseaux et les cages dans les rapides.

Les femmes contribuent puissamment à la subsistance des familles, en confectionnant pour les Européens, des objets de luxe fantasque qui se composent de verroterie et de perles vulgaires.

L'abandon des courses aventureuses des bois a fait perdre aux sauvages la vigueur et la vélocité de mouvements qui les distinguaient. Les Canadiens-Français semblent avoir hérité des qualités des sauvages sous ce rapport. Si bien que dans les courses à pied, sur terre nue ou en raquettes et dans le jeu de la *crosse*, les Canadiens ont invariablement battu les sauvages. Ces derniers sont pourtant loin d'avoir perdu l'usage et le goût de ces jeux. Il est rare qu'en arrivant dans un village sauvage, on ne trouve une vingtaine de jeunes gens et même d'hommes murs, engagés dans une partie de crosse, dans les rues mêmes du village.

Il a été fait allusion en passant à l'incrédulité des sauvages, sur la vertu des femmes ; — cette observation peut se répéter, partout où l'on rencontre le sauvage, dans tous les petits événements de la famille et de la commune. La chose semble ne plus souffrir de difficulté et les hommes en ont pris leur parti. Ils ne se considèrent entre eux que comme les éditeurs responsables des poupons qui leur arrivent avec une abondance prodigieuse. Et chose étonnante et qui paraîtra presque monstrueuse, les femmes n'ont aucunement perdu pour cela le respect et la considération des hommes. Toutes les cérémonies qui ont lieu, pour célébrer la naissance d'un enfant, le mariage ou la mort d'un sauvage, reposent sur l'axiôme que l'enfant n'appartient qu'à la mère.

La naissance d'un enfant était autrefois l'occasion d'une fête aussi considérable qu'un mariage. La bande à laquelle appartenait la mère fesait les honneurs du festin, tenait le nouveau né sur les fonds baptismaux, (c'était à l'origine de leur conversion au christianisme) et lui donnait, après délibération, son nom de guerre. Quoiqu'alors, comme aujourd'hui, les lois défendissent de leur vendre des liqueurs spiritueuses, la contrebande leur fournissait toujours du whisky, dans ces occasions. Le grand chef de la bande maternelle exécutait des danses et des chants, en tenant le nouveau né dans ses bras, frappant bruyamment du pied et secouant l'enfant, en mimant des mouvements de chasse ou d'aviron.

Lors des mariages, les cérémonies religieuses avaient cette uniformité que l'on retrouve chez tous les catholiques. Mais le repas de noces était plein de gaîté et d'animation sauvages. C'était encore la bande à laquelle appartenait la fiancée, qui pourvoyait à la célébration civile et qui d'avance, semblait dire à la femme que de ce moment elle était à elle-même avec toutes les conséquences de cette propriété. Au dernier service, le grand chef accompagnait la santé des jeunes époux d'une allocution tirée des symboles de la bande. Ainsi si la fiancée appartenait à la bande du Loup, toutes les facultés de cet animal étaient mises en relief. " Le loup, disait le chef, a parcouru les bergeries pour mettre les plus gras agneaux sur la table. Le loup ne travaille que pour manger et quand il a mangé il se repose pour attendre la faim, etc., etc." Le fait est que le sauvage ne pouvait mieux symboliser son caractère, sous le rapport du travail, que par le loup. Viennent ensuite les souhaits, parmi lesquels, on n'oublie jamais de promettre à la femme autant d'enfants qu'il y a de feuilles aux arbres et de cailloux sur la rive.

Or la femme indienne, si elle ne porte pas la fécondité jusqu'à cette exhubérance hyperbolique réalise toujours assez fidèlement ce souhait.

La grande difficulté chez les sauvages, est de faire vivre les enfants ; mais au fonds on s'en soucie assez peu. Chez eux les enfants sont comme des meubles dont on prend d'autant moins de soin qu'on les possède en plus grand nombre.

On dirait à voir la manière dont les femmes indiennes promènent leurs enfants par nos rues, qu'elles leur portent plus d'attention que les blanches. Les berceaux portatifs dans lesquels elles les encaissent, comme un colis de marchandise, est une magnifique invention, pour des peuples nomades, qui ont à parcourir les forêts et à traverser les rivières à la nage. A voir la figure du marmot, qui semble là tout à son aise, on est porté à croire qu'il est l'objet de soins extrêmes. Mais l'apparence n'a jamais été plus trompeuse. Dans l'intérieur des familles les enfants sont laissés à eux-mêmes et ils croissent comme ils peuvent. Une maladie courante, comme la rougeole ou la petite vérole, fait une affreuse moisson parmi eux. On a vu des femmes aller voir leurs voisins en plein hiver, emportant dans leurs bras des enfants à demi-nus et couverts de picotte. Règle générale, un enfant n'échappe pas à la plus légère maladie, en conséquence de l'incurie de la mère.— Enfin un fait qui doit frapper tout le monde, c'est l'état stationnaire de la population des villages indiens. C'est que les décès causés par la négligence domestique dépassent de beaucoup le nombre des organisations assez fortes pour résister d'elles mêmes aux maladies de l'enfance.

Après avoir lu dans les récits des voyageurs et après avoir pu constater, par les relations plus fréquentes que la vapeur a établies entre l'Asie et l'Amérique, que les Indiens Orientaux professent pour l'embonpoint et les petits pieds une admiration plus que plastique, on est curieux de savoir ce qui constitue la beauté des femmes auprès des Indiens Occidentaux. Le petit pied est bien aussi, chez les derniers, un objet de prédilection, et la forme de la chaussure est singulièrement propre à faire ressortir cet avantage; mais ce goût n'est pas porté à plus d'exagération que parmi nous; et si, comme nous, les Indiens d'Occident frissonnent à l'aspect d'un pied d'alouette, jeté dans une alvéole d'ébène, ils n'ont jamais songé à inventer des brodequins de fer pour étouffer la croissance des os et des muscles. Quant à la taille, ils savent apprécier, comme nous, des contours mollement ou énergiquement découpés, et ils ne nous en cèdent aucunement pour se laisser ensorceler au contact d'une main satinée, par le feu d'une brillante prunelle ou par l'éloquence d'un buste gouflé par le soupir. La seule différence qui existe entre eux et nous, c'est que chez eux le blanc est la couleur par excellence, et que pour une peau que n'ont pas trop doré les rayons du soleil ou le sang indien, ils peuvent sacrifier une foule de détails qui nous ravissent.

On s'explique facilement cette différence: parmi eux, le rouge est l'apanage incommutable et le blanc est le privilège d'une race qu'il reconnaissent comme leur étant supérieure. Parmi nous au contraire, nous pouvons parcourir la variété des nuances qui séparent le blanc de lys du brun créole, sans sortir des lois de l'espèce et toutes ces nuances ont des charmes aussi indisputables les uns que les autres.

J'ai commencé cette causerie, au moment où la

cloche de l'église du Sault appelait les Sauvages aux Vêpres,—je la terminerai à l'église, où je n'ai pas manqué de suivre mon sujet.

L'aspect que présentent les Sauvages au temple est très piquant et parfaitement neuf pour nous. La seule occasion où l'Indien mâle est obligé de revêtir son costume national est celle qui le conduit aux exercices religieux. On sait que le gouvernement fournit encore une couverte à tous les Sauvages, grands ou petits, jeunes ou vieux, hommes ou femmes. Personne ne semble pouvoir se soustraire à l'obligation de porter cette couverte, quand on se rend à l'église.

Le costume des hommes se simplifie extraordinairement, quand ils revêtent cette couverte. Elle sert de gilet, de paletôt et de couvre-chef; mais ils s'en enveloppent si bien qu'on ne remarque que l'absence de ce dernier article. Ils s'entortillent la tête avec un art admirable, de façon à laisser aux lignes du cou et des épaules, presqu'autant de dégagé que nous en avons dans nos habits.

L'église de Caughnawaga ne possède qu'une allée qui court de la porte centrale jusques aux gradins du chœur. Les hommes se placent à gauche et les femmes à droite. Les uns et les autres sont totalement enveloppés dans leurs couvertes,— les hommes, de couvertes blanches et les femmes de draps bleus,— et on ne voit des uns et des autres que le nez et les pieds.

Nous avons tous entendu parler de la paresse des sauvages, qui se plongent dans une profonde oisiveté, du moment qu'ils sont au village. Mais il faut les voir à l'église pour se faire une idée de la béate ivresse qu'ils éprouvent dans ce morbide abandon des sens, que les blancs ne subissent que dans les grandes maladies. Les bancs ne pouvant suffire pour tout le monde, il y a irruption dans l'allée. Le chat n'a pas de poses plus délicieusement paresseuses que celles que prend la femme indienne. Dans un climat aussi rigoureux que le nôtre, qui donne tant d'énergie aux muscles, il n'y a qu'aux exercises du cirque que l'on peut voir se contourner les jambes d'une aussi singulière façon. Pour s'asseoir commodément sur le parquet, il n'y a pas de positions difficiles auxquelles les jambes ne se prêtent. L'une les tient parallement et horizontalement étendus et garde malgré cela une attitude aussi ferme que si elle avait derrière elle le dossier d'un fauteuil; l'autre les pelotonne sous elle, de manière à n'occuper que dix-huit pouces de terrain;—une troisième ne s'occupe pas plus de ses tibias que s'ils appartenaient à sa voisine, et elle les laisse diverger à l'aventure.

Dans une église sauvage, il n'y a que le prêtre qui ne présente pas une physionomie originale. Tous les chants sont dans la langue des sauvages, sur nos tons grégoriens; mais il est difficile de s'en appercevoir;—car il n'y a pas là de chantres d'office;—chacun exécute sa partition, les hommes et les femmes alternant dans la plus amusante cacophonie. Ils semblent se moquer les uns des autres, en essayant de renchérir sur le ton le plus nazillard qu'il soit donné à nos organes de produire.

Les blancs qui assistent aux exercises de la religion occupent le jubé, qui se trouve à l'entrée même de l'église. Quand on y pénetre pour la première fois et qu'on aperçoit, du haut de cette galerie les capuchons blancs et bleus qui sont répandus çà et là dans la nef, les souvenirs se portent spontanément au temps où florissait la multitude d'ordres religieux qui, sous le nom de Franciscains, de Dominicains, d'Augustins, de Templiers, Capucins et de mile autres dénominations, chantaient dans les cryptes, les matines et les laudes.

En sortant de l'église, on observe que les jeunes sauvages ont, eux aussi, l'aimable insolence de se réunir en groupes, pour voir défiler les jolis minois du village et pour deviser sur leurs mérites respectifs.

Les caractères distinctifs des Indiens, qui sont dispersés parmi les blancs, s'effacent insensiblement tous les jours et on peut douter qu'une génération de plus entende autre chose que les derniers sons de leur langue, alors tout-à-fait corrompue.

Si l'on se donnait la peine de rechercher ce qui a pu les maintenir dans leur originalité nationale jusqu'à ce jour, il serait difficile de trouver plus de deux causes qui aient contribué à ce résultat. Les uns diraient peut-être que c'est leur langue qui les a préservés de la fusion ; mais il resterait à trouver ce qui a préservé leur langue même. Leur goût pour la chasse et leur isolement des blancs n'existent presque plus.—Les femmes, je crois, et le costume qu'elles se sont obstinées à conserver ont seuls contribué à conserver aux Indiens, répandus parmi nous, une partie de leur physionomie primitive.

Par leurs occupations sédentaires, les femmes

ont été tenues en contact journalier entre elles, et ce fait a pu contrebalancer l'effet du mélange des hommes de leurs tribus avec les blancs. Ce sont les femmes qui élèvent les enfants et qui les conduisent jusqu'à l'adolescence, avec leurs habitudes nationales. Le reste de la vie du sauvage est presque entièrement passé dans le commerce des blancs. L'habit, la langue, les manières de ces derniers leur deviennent bientôt indispensables ;—mais en rentrant chez eux, il leur faut reprendre, avec leurs femmes et leurs enfants, l'habit, la langue et les mœurs de la tribu. Le costume des femmes les a toujours empêchées de lier avec les blanches des relations d'amitié et des fréquentations de voisinage.

Aussi on peut être convaincu que du moment que les Indiennes, les sauvagesses, comme nous les appelons, échangeront leurs mîtâs et leurs couvertes contre les bas à jarretières, le corset, la robe et la mantille, il ne restera plus rien du caractère de ces races. Leur langue ne sera plus qu'un patois mêlé d'iroquois ou d'algonquins et de français ou d'anglais.—Alors de tout ce qui pourra nous rappeler les premiers possesseurs du sol, il ne restera plus que les noms de villes ou villages, empruntés à leurs langues et plus ou moins estropiés.

Il se trouvera peut-être quelques personnes qui, après avoir lu le chant du Huron, le dernier des Mohicans et les Abencérages, s'éprendront d'un religieux regret en voyant s'opérer cette transmutation des races indigènes ; mais quand on envisage ce fait, au point de vue humanitaire, on est plutôt porté à y applaudir.

On peut écrire de belles pages, en comparant la Grèce ancienne avec la Grèce du quinzième siècle et même celle de nos jours ; on peut faire de brillantes apothéoses sur l'Atticisme remplacé par l'Islamisme ; on peut avec avantage évoquer les demi-dieux de l'Italie, maîtresse du monde, pour les mettre en présence des esclaves de Rome, humble servante de l'Autriche ; on peut même dire de très belles choses de l'esprit chevaleresque et des arts des Maures d'Espagne ;—mais on ne peut guères rappeler de grands souvenirs au profit des Indiens de l'Amérique du nord. La civilisation européenne n'a pour ainsi-dire rien emprunté d'eux, et ils ont tout à gagner à se confondre au milieu de nous.

D'ailleurs le sort en est jeté : il est dans la destinée inévitable et prochaine des sauvages de disparaître,—et pour leur propre intérêt et celui de leurs descendants, cette fusion ne viendra jamais trop tôt, pourvu que l'humanité conseille toujours aux gouvernements des Etats-Unis et du Canada la tolérance et les égards dont ces pauvres sauvages sont l'objet depuis plus d'un siècle.

FIN.

TABLE DES MATIERES.

	PAGE.
Introduction	3
Institut-Canadien en 1855	7
Règlement de la Chambre de Lecture	17
Constitution de l'Institut-Canadien	18
Règlements de l'Institut-Canadien	23
Liste des membres de l'Institut-Canadien	28
Huitième rapport annuel du Comité de Régie de l'Institut-Canadien	40
La Chambre d'Assemblée du Bas-Canada, par Chs. Laberge, écr., M. P. P. lue devant l'Institut-Canadien à l'occasion de l'anniversaire de cette Institution	45
Neuvième rapport annuel du Comité de Régie de l'Iustitut-Canadien	79
Lecture devant l'Institut-Canadien à l'occasion de l'anniversaire de cette Institution par P. R. Lafrenaye	94
Notice biographique sur feu Ed. Fabre, écr., par Jos. Doutre, écr., avocat	117
Dons faits à l'Institut	152
Liste des principaux officiers de l'Institut depuis sa fondation jusqu'en nov. 1855	172
Rapport financier du Trésorier de l'Institut-Canadien, pour le semestre échu le 31 octobre 1855	187
Les sauvages du Canada en 1852 par Joseph Doutre, écr., avocat	190

ATELIER TYPOGRAPHIQUE
DE
SENECAL ET DANIEL,
No. 4, Rue St. Vincent,
MONTREAL.

ON exécute à cet Atelier toutes sortes d'impressions en Couleurs, en Or ou en Bronze, dans les derniers goûts et avec les meilleurs matériaux.

Affiches, grandes et petites, Livres, Pamphlets, Brochures, Catalogues, Circulaires, Cartes de commerce Lettres Funéraires, Blancs, Reçus, etc., etc.

Le tout exécuté sur beau papier et avec exactitude.

McDUNNOUGH, MUIR ET CIE.,
185, RUE NOTRE-DAME, 185,
Près de l'Eglise de la Paroisse,
MONTREAL.

PRENNENT respectueusement la liberté d'appeler l'attention des étrangers et des personnes qui résident en cette ville, sur leur assortiment riche et varié de Marchandises de Goût d'automne et d'hiver, etc., comprenant un choix considérable et fait avec soin de Soieries, Châles, Cravattes, Nouveaux Patrons pour Robes, Dentelles, Ouvrage à l'Aiguille, Mérinos, Bonneterie, Ganterie, des Polkas de dessous, Toiles, Flanelle de Damas, Couvertures, etc., et toute espèce de Marchandises qui peuvent être achetées par les familles, des pièces d'Estomac, Semelles de Liége,—tous ces articles étant importés directement des meilleurs marchés, seront vendus au meilleur marché pour Argent Comptant.

N. B,—Il n'y a qu'un seul prix. Cinq pour cent d'escompte, en faveur de ceux qui achèteront pour argent comptant, au-dessus de quatre piastres.

McDUNNOUGH, MUIR et Cie.

BONNES NOUVELLES !!!

LA VERITÉ SE FAIT JOUR !!

AU MEILLEUR MARCHE !!

Maison Provinciale d'Habillements,

EN GROS ET EN DETAIL,

ENSEIGNE DU PAVILLON BLANC,

271, Rue Notre-Dame, 271.

ADJOIGNANT LES NOUVELLES BATISSES DE STEPHEN.

LE commerce toujours grandissant que cet établissement a rencontré durant ces derniers temps a excité l'étonnement des citoyens en général dont un grand nombre ont récemment commencé à faire des perquisitions sérieuses, afin d'apprendre comment on pouvait obtenir un aussi grand succès que celui dont jouit l'ETABLISSEMENT FASHIONABLE ci-dessus. Mais ce problème n'est pas difficile à résoudre quand on pense que le Propriétaire de ce grand Etablissement a depuis son retour de la Californie, voilà à peu près trois ans, fait des achats à bon marché en payant argent comptant, seulement cela lui permettant d'offrir des articles à bien meilleur marché que ses concurrents qui achètent ordinairement à crédit.

Les habillements d'automne ou d'hiver,

Consistant en surtouts "Reversible," de drap de Pilot, Castor, Eléphant, Whitney, Lionskin, etc., avec un assortiment choisi d'Etoffes des dernières modes pour PANTALONS et VESTES. On est actuellement à recevoir ces marchandises qui seront confectionnées avec ce goût et cette coupe qui ont mérité à cet établissement une position si distinguée.

Les Marchands en Gros

trouveront leur avantage à examiner la variété du fonds de marchandises dans le DEPARTEMENT des HABILLEMENTS tout faits, dont la qualité et le prix ne pourront que satisfaire les acheteurs.

N. B.—Le propriétaire est Agent pour le Bulletin de Modes de William. M. L. D. GAREAU.

AVIS IMPORTANT.

JOSEPH LOVIS

A l'honneur d'informer le public qu'il a ouvert le MAGASIN No. 265, rue Notre-Dame, presque vis-à-vis l'Eglise des Récollets, à Montréal où il est prêt à entreprendre la réparation de Montres, Horloges et Bijouterie. Son expérience dans cette branche (ayant été 13 ans chez M. L. P. Boivin) le rend certain de donner satisfaction à ceux qui l'honoreront de leur confiance. Il s'est associé à M. Dyer, bijoutier et orfèvre de Londres sous la direction duquel le département de la bijouterie et orfèvrerie est conduit. Par cet arrangement, l'on pourra être certain que les ouvrages seront exécutés avec le plus grand soin. Ils tiennent un assortiment des meilleures Montres, Horloges et bijouteries qu'ils vendront à des prix raisonnables et avec garantie.

Ils fabriquent les Joncs et autres bijoux pour le commerce, et Messieurs les marchands trouveront leur avantage en les prenant chez eux. Un escompte considérable leur sera fait sur les prix actuels des autres maisons.

LOVIS & DYER,
Horlogers, Bijoutiers et Orfèvres, No. 265, rue Notre-Dame, presque vis-à-vis l'église des Récollets, Montréal

GRANDE VENTE A BON MARCHÉ
AU MAGASIN DE
J. & M. NICHOLS,
No. 204, RUE NOTRE DAME.

J. & M. NICHOLS,

ATTIRENT RESPECTUEUSEMENT L'ATTENTION PUBLIC SUR LEUR

SPLENDIDE ASSORTIMENT

D'ARTICLES DE TOILETTE DE PRINTEMPS ET D'ÉTÉ, EMBRASSANT TOUTE SORTE ET TOUTE VARIETÉ DE

MANUFACTURES ANGLAISES ET FRANÇAISES,

LE TOUT SERA VENDU A DES PRIX FABULEUSEMENT REDUITS.

www.ingramcontent.com/pod-product-compliance
Lightning Source LLC
Chambersburg PA
CBHW071951160426
43198CB00011B/1640